— LE NOUVEAU MAGASIN DES ENFANTS —

# POLICHINELLE

## SA VIE ET SES NOMBREUSES AVENTURES

PAR

OCTAVE FEUILLET

avec un Portrait du nez du Commissaire, son ennemi, et un fac-simile de la queue du Diable
**Vignettes par Bertall.**

**E. BLANCHARD**, ÉDITEUR, 78 RUE RICHELIEU, ANCIENNE LIBRAIRIE **HETZEL**

# VIE
# DE POLICHINELLE

ET

SES NOMBREUSES AVENTURES

PARIS. — IMPRIMÉ PAR J. CLAYE ET Cᵉ
RUE SAINT-BENOÎT, 7.

# VIE
# DE POLICHINELLE

## ET SES NOMBREUSES AVENTURES

AVEC

UN PORTRAIT DU NEZ DU COMMISSAIRE, SON ENNEMI, ET UN FAC-SIMILE
DE LA QUEUE DU DIABLE

PAR

## OCTAVE FEUILLET

VIGNETTES PAR BERTALL

**DEUXIÈME ÉDITION**

PARIS

ÉDITION J. HETZEL

E. BLANCHARD, RUE RICHELIEU, 78

1852

# VIE
# DE POLICHINELLE

ET

SES NOMBREUSES AVENTURES

## I

Comment un parent de l'auteur se trouva en relation avec la famille du seigneur Polichinelle. — Mystérieuse naissance du héros. — Détails incroyables.

Le grand-oncle de mon aïeul avait fait voir, dès son enfance, une furieuse passion de voyager : mais, par une suite de circonstances étrangères à cette histoire, il était arrivé à l'âge de soixante ans, sans avoir jamais poussé plus loin que Montmartre. « Il est véritablement ridicule, se disait-il fré-
« quemment, que l'homme du monde qui souhaite le

« plus de voyager, soit précisément celui qui ait vu le
« moins de pays. Car je n'appelle point voir du pays,
« aller de mon domicile de la rue Saint-Denis jusqu'aux
« moulins de Montmartre. Non !... Autant dire que je
« suis un âne. Car c'est un chemin que les ânes font
« tous les jours. » A force de s'exciter par ces réflexions
amères, le grand-oncle de mon aïeul se poussa lui-

même à bout, et, un beau matin, il partit en poste
pour Marseille : là il prit passage sur un navire qui le
transporta à Naples ; de Naples, il prétendait bien passer

dans le Levant, puis dans l'Inde, puis dans les deux Amériques, qu'il comptait visiter en détail, et d'où il ne désespérait pas de pouvoir regagner la rue Saint-Denis... en touchant au cap de Bonne-Espérance. Mais tous ces beaux projets furent subitement rompus par un accident qui lui arriva. Il n'était pas à Naples depuis trois jours, qu'il mourut tout d'un coup.

Cet événement était d'autant plus fâcheux qu'il interrompait à la fois les voyages du grand-oncle de mon aïeul, et le dessein qu'il avait eu d'en écrire la relation jour par jour. On retrouva en effet dans ses papiers, qui furent renvoyés en France avec son linge, un commencement de journal dont il est impossible de ne pas regretter la suite. Nous transcrivons ici ces lignes, qui ont un trait direct à notre histoire :

IMPRESSIONS DE VOYAGE DU GRAND-ONCLE DE MON AÏEUL

Premier jour. — Arrivé à Naples. Ouf!

Second jour. — Ouf! ouf!

Troisième jour. — Promenade sur le golfe, dans la barque d'un batelier nommé Pulci, dont la femme a mis au monde, ces jours passés, un magot qu'on vient voir de dix lieues à la ronde.

Ce magot, — c'était notre héros lui-même, l'illustre Pulcinello, — qui plus tard, par tendresse pour vous, mes enfants, changea son nom italien en celui de Polichinelle, afin que vous eussiez plus de commodité à prononcer le nom de votre bon ami.

Le batelier Pulci habitait avec sa femme une maisonnette blanche, tout près du rivage où sa barque était amarrée. Depuis vingt ans qu'ils étaient mariés, ils se désolaient nuit et jour de n'avoir point d'enfants, et cette

privation était surtout sensible à la pauvre dame Pulci, qui demeurait seule la plupart du temps, pendant que son mari allait à la pêche ou promenait les curieux sur la mer.

Cette bonne femme, dans sa douleur, avait acheté un

petit berceau pour bercer ses ennuis et ses espérances, en attendant mieux, et parfois elle charmait sa solitude en chantant près de la couche vide un air du pays, doux et monotone, comme pour endormir un nouveau-né.

Un soir que la dame Pulci se plaignait à l'accoutumée que le ciel lui refusât cet enfant tant souhaité, le vieux Pulci, qui n'aimait pas à entendre sa femme revenir sur ce chapitre, et qui, d'ailleurs, était pris de vin ce soir-là, se leva brusquement, et donnant un coup de poing sur la

table : « Comment ! s'écria ce méchant homme, le diable ne fera pas taire cette rabâcheuse ! —Sainte Vierge ! reprit aussitôt la dame Pulci, ayez pitié de nous ! » Elle n'avait pas achevé ces mots, qu'un gros chat couleur de suie, semblant sortir de dessous le lit, se jeta dans les jambes du bonhomme Pulci et le renversa tout de son long sur le

plancher, après quoi il s'élança au dehors par la porte entr'ouverte; en même temps, un petit oiseau, caché dans les plis des rideaux de serge, prit son vol à travers la chambre, becqueta doucement en passant les cheveux de la dame Pulci, et disparut par la fenêtre. Avant que les deux époux fussent revenus de leur première frayeur, une autre merveille acheva de leur troubler l'esprit; il sortit en effet du berceau un cri bizarre et d'une nature si particulière, qu'on eût dit que celui qui le poussait avait un noyau de pêche dans le gosier. « Femme, vois donc ce que c'est! » dit en tremblant le bonhomme Pulci, qui n'avait pas encore eu le loisir de quitter la position où l'avait mis le gros chat. Là-dessus, la pauvre femme s'approcha tout émue du berceau, et elle faillit mourir de joie quand elle y vit une petite créature humaine, qui se trémoussait, en se frappant sur le ventre d'un air absolument joyeux. « Saints et Saintes du ciel! le joli enfant! » s'écria la dame Pulci, le prenant incontinent dans ses bras. Les yeux d'une mère sont indulgents, et ce n'est pas à une bosse de plus ou de moins qu'ils trouveront jamais à redire. Or, ce

joli enfant n'en avait que deux, une sur l'estomac en forme de virgule, l'autre sur le dos, se dressant, pour faire contre-poids, en forme de point d'exclamation. Quant au visage, il n'avait rien en soi de choquant, si ce n'est que le nez affectait la figure d'un bec de perroquet, dont la courbe venait rejoindre un menton crochu, avec lequel elle formait une manière d'arcade au-dessus d'une bouche large comme une porte. « Le joli enfant! le cher trésor! » répétait la bonne femme, en caressant comme il faut le petit personnage. « Voyons-le, dit le père Pulci, qui, dans sa stupeur croissante, gardait obstinément la position fixe dont le gros chat lui avait fait cadeau en passant, —

voyons-le donc! » Et dès qu'il l'eut vu : « Ah! qu'il est laid! s'écria-t-il; ah! le beau fils avec ses deux bosses! n'a-t-il point de honte d'avoir un nez pareil! Donne-le-moi, que je le jette à la mer! »

Mais voici bien une autre histoire, mes enfants : comme le père Pulci en était là de son discours, le petit bonhomme s'élança des bras de sa mère, et vous l'eussiez vu alors gambader sur ses deux jambes en fuseau avec des contorsions et des mines de bossu à faire pâmer. Puis tout d'un coup, se mettant en équilibre sur sa bosse de devant, il tourna sur lui-même avec la rapidité d'une toupie, après quoi, tombant aux genoux du père Pulci, il lui fit une grimace des plus risibles, et le tira doucement par la barbe. Ma foi ! le père Pulci, qui de sa vie n'avait tant ri,

au point qu'il eut la colique huit jours durant, n'y put tenir plus longtemps, et il embrassa tendrement l'enfant. « Parbleu ! dit-t-il à sa femme, qui en était toute réjouie, qu'il vienne du diable, s'il veut, et il en a bien la bosse, mais je le garde, car il m'amuse infiniment. — Soyez sûr, monsieur Pulci, répliqua la bonne femme, que le gros chat noir était le diable... ou l'un de ses proches parents, mais que le petit oiseau venait du bon Dieu. — Je n'en doute pas, ma femme, répondit le bonhomme, et je vois bien qu'ils ont pris tous deux part à la naissance de Polichinelle : car il faut avouer que s'il est laid comme un démon, il a de l'esprit ni plus ni moins qu'un ange.

## II

*Progrès surprenants du jeune Polichinelle. — Comment il se faufile à la cour. — Aventures de l'âne danseur de corde. — De quelle façon Polichinelle donna congé à un ambassadeur nègre.*

Au bout de six semaines, on eût dit que Polichinelle avait pour le moins seize ans, tant sa croissance avait été rapide, et son intelligence précoce. Il parlait déjà fort joliment, raisonnait de toutes choses, avec une justesse infinie, et embarrassait souvent ses parents par des questions auxquelles ils ne pouvaient répondre. Son père, le voyant si avancé, résolut d'en faire un portefaix : car cet enfant, tout gentil qu'il était, ne laissait pas de mettre la gêne dans le pauvre ménage, et puisque le bonheur voulait qu'il eût grandi si vite, il fallait en profiter. Le bonhomme Pulci lui dit donc un matin, tout en déjeunant : « Ah çà, Polichinelle, te voilà de taille à gagner ta vie, et, si tu m'en crois, mon garçon, tu iras sur le port attendre la pratique. Tu feras des commissions, et tu porteras les paquets des voyageurs.

— Ta! ta! ta! dit respectueusement Polichinelle, j'ai en tête un autre projet.

— Et lequel? reprit le père.

— Je veux aller à la cour.

— Peste! s'écria le bonhomme, en riant de tout son cœur, à la cour! et comment feras-tu, mon gentil marmouzet? Car tu ne comptes pas sans doute que je t'y présente, vu que je n'y ai aucune connaissance.

— Je m'y présenterai tout seul, sambregoi! répondit Polichinelle.

— Et pourquoi veux-tu aller à la cour!

— En voici la raison, répliqua Polichinelle : étant bossu

par devant et par derrière, il est bon que j'apprenne à lire et à écrire : s'il plaît à Dieu, je deviendrai un savant, et j'aurai tant d'esprit qu'on ne verra plus mes bosses ni ma laideur. Vous êtes trop pauvres pour me faire étudier; c'est pourquoi je prétends que le roi se charge de mon éducation. Je suis sûr de réussir à l'y déterminer : mais il faut, pour cela, que j'aie un âne.

— Un âne! s'écrièrent à la fois le père et la mère Pulci. Où veux-tu que nous prenions un âne? Polichinelle, mon fils, sais-tu qu'un âne ne se trouve point dans le pas d'un cheval?

— Ta! ta! ta! vendez votre maisonnette! aussi bien je vous en promets dès ce soir une beaucoup plus grande et meublée à la dernière mode. Avec le prix que vous allez retirer de cette vente, vous m'achèterez sans retard un petit âne!

— Ah! ma foi! dit en jurant le père Pulci, ton fils est fou, ma femme! Que le bon Dieu le patafiole avec son âne!

— C'est vous qui en êtes un, monsieur Pulci, reprit la bonne dame : ne voyez-vous pas que cet enfant a peut-être plus d'esprit que vous?...

Bref, mes chers amis, après une bonne heure de dispute, le bonhomme Pulci se laissa séduire par une cabriole que fit fort à propos Polichinelle : il vendit dans la matinée sa maisonnette, acheta un âne, et attendit, comme vous et moi, ce qui pourrait en résulter.

Or, Polichinelle ne fut pas plus tôt maître de son âne, qu'il vous l'enfourcha bel et bien, comme eût pu le faire un écuyer de profession ; et où alla-t-il, s'il vous plaît, en cet équipage? tout droit au palais du roi, mes enfants, suivi de loin par son père et sa mère, qui, ayant vendu leur maison, se trouvaient naturellement sur le pavé. La populace le suivait aussi, en poussant de grands cris de joie :

car ce n'était pas un spectacle ordinaire que la vue de Polichinelle, avec ses deux bosses éclatantes, son habit collant, rouge d'un côté, jaune de l'autre, ses sabots ponceau, et son chapeau doré à haute forme, cavalcadant d'un air digne sur son ânon. Quand il arriva aux environs du palais, son cortége se composait de plus de trois mille personnes, sans compter les chats, les chiens, et les papillons.

Le roi, au grand bruit que faisait la foule, accourut sur son balcon, et toute la cour se mit aux fenêtres, fort en peine de savoir à qui en voulait ce bossu merveilleux. Il se fit donc un grand silence quand Polichinelle, ayant salué trois fois le roi et les princesses, fit signe de la main qu'il allait parler. « Écoutez, écoutez ! » cria le peuple.

« Sire, dit alors Polichinelle de sa voix enrouée, sire, messieurs, mesdames, et vous tous bourgeois et bourgeoises de Naples, j'ai l'honneur de vous faire savoir que, moyennant la permission de Sa Majesté, mon âne ici présent se propose de danser sur la corde roide devant Vos Seigneuries. La corde sera tendue en l'air à la hauteur de cinquante-un pieds. Votre serviteur, Polichinelle, sera monté sur l'âne pendant ce surprenant équilibre.

— Ho ! ho ! dit la foule joyeuse en battant des mains. Vive Polichinelle ! vive l'âne ! vive le roi !

— Mais, dit le roi, après avoir salué la foule en signe de remerciement, quand cela, bossu mon ami? Car, je l'avoue devant mon peuple, il me tarde de voir cette voltige.

— Sire, répondit Polichinelle, elle aura lieu ce soir même à sept heures, si Votre Majesté veut bien charger son grand majordome de mettre à ma disposition tout ce qui me sera nécessaire, je veux dire la corde, les mâts pour la fixer, l'échelle et le reste.

— Certes, dit le roi : qu'on fasse approcher mon grand majordome. »

— Il faut vous dire, mes enfants, que ce grand majordome, qui se nommait M. de Bucolin, était un méchant seigneur, universellement haï dans le royaume pour la noirceur de son âme et la cruauté de ses divertissements; on citait de lui mille traits de sotte barbarie : ainsi, quelque temps auparavant, il avait fait assommer de coups le père de Polichinelle, sous le prétexte absurde que ce pauvre vieillard avait marché sur le pied d'un des chevaux de Sa Seigneurie.

« Seigneur de Bucolin, lui dit le roi, je vous enjoins de fournir à cet intéressant bossu tout ce qui lui sera nécessaire. Si votre négligence nous privait de cette fête crépusculaire, je vous ferais pendre sur l'heure. Mais si Polichinelle s'est vanté d'une chose qu'il ne puisse exécuter, c'est lui qui sera pendu.

— Sire, j'y souscris, dit Polichinelle.

— Qu'on leur donne à manger, répliqua le roi, à lui et à son âne. »

Là-dessus Polichinelle fut introduit dans une des cours du palais, et on lui servit d'excellents rogatons de la des-

serte royale, dont on pense bien que le père et la mère Pulci eurent la meilleure part. Toutefois, ces pauvres gens n'étaient pas sans inquiétude sur la fin de l'aventure : car ils ne prévoyaient pas que Polichinelle pût aisément décider son âne à danser sur la corde raide à cinquante pieds en l'air. Aussi voyaient-ils déjà leur cher petit bossu pendu haut et court, pour s'être moqué du roi. Mais, « sambregoi ! disait Polichinelle, mangez tout votre content, et laissez-moi faire. »

Le soir était venu. Par les soins du grand majordome, deux mâts de cinquante-un pieds de haut étaient dressés sur la place du palais, et une corde raide tendue de l'un à l'autre. Trois pavillons magnifiques, tapissés de brocart d'or et pavoisés de banderoles aux couleurs royales, avaient été élevés à la hâte. Toute la cour avait pris place sur les riches estrades, et le roi était assis sur son trône dans le pavillon du milieu. Le peuple couvrait la place. On voyait

les bourgeois juchés pêle-mêle sur les tables, sur les chaises, sur les charrettes, sur les toits, et les bourgeoises sur le dos des bourgeois. Tout à coup un grand cri s'éleva : « Le voilà ! le voilà ! c'est lui ! » Polichinelle arrivait ; il arrivait au petit trot de son âne, saluant de droite et de gauche avec son chapeau doré. Le seigneur de Bugolin, qui était demeuré sur la place pour veiller à ce que rien ne manquât à la cérémonie, tint l'étrier à Polichinelle pendant qu'il descendait de sa monture. Une échelle était appuyée contre un des mâts auxquels était fixée la corde : Polichinelle la gravit lestement, et fut au haut en moins

de rien ; puis, il se remit à saluer. « Hourrah ! criait la foule, attention ! l'âne va danser ! Est-il possible ? Quoi ! sur ses quatre jambes ? Aura-t-il un balancier ? »

Cependant, au pied de l'échelle, le seigneur de Bugolin tenait l'âne par la bride. « Or çà, Polichinelle, cria le roi, qui s'impatientait, c'est assez saluer, mon ami! commence tes exercices! je m'en meurs! — Sire, répondit Polichinelle du haut de son échelle, je suis prêt. »

Après un moment d'attente, voyant que Polichinelle ne bougeait point, le roi reprit avec colère : « Eh bien ! va donc, bossu ! Qu'attends-tu ? — Sauf votre respect, sire, dit humblement Polichinelle, j'attends l'âne. — Comment, l'âne! répliqua le roi, s'échauffant ; te moques-tu de moi? Ne m'as-tu pas promis de le faire danser sur la corde ? — Et je le promets encore, sire, dit Polichinelle ; seulement, je demande qu'on me l'apporte où je suis ; car si je connais en perfection la manière de faire danser mon âne sur la corde, j'ignore absolument l'art de le faire monter à l'échelle. Je ne me suis chargé, sire, que de la danse : le reste regarde votre grand majordome. Il s'est engagé à ne me laisser manquer de rien ; il me laisse manquer de mon âne, et, sambregoi! c'est précisément ce dont j'ai le plus grand besoin! » A ces mots toute la cour éclata de rire, et le peuple battit des mains : car il n'y avait personne qui ne fût aise de voir le seigneur de Bugolin dans l'embarras. Le roi lui-même riait sur son trône, et fut contraint de s'essuyer plusieurs fois les yeux avant que de pouvoir parler. « Vous entendez, seigneur de Bugolin, dit enfin Sa Majesté; avisez à satisfaire la juste demande de Polichinelle. — Mais, sire... dit le seigneur de Bugolin qui crevait de rage entre cuir et chair. — Point de réplique, interrompit le roi; faites monter l'âne. » Alors le seigneur de Bugolin, ayant tiré l'âne jusqu'au pied de l'échelle,

essaya de lui persuader d'y monter; mais celui-ci n'y voulait rien entendre. « Hu! allons! hu donc! cria M. de Bugolin. — Hi! han! hi! hi! han! répondit l'âne, se mettant à braire de la belle sorte, ce qui faisait le bonheur de la canaille. — Misérable! reprit le grand majordome, monteras-tu? hu! dia! — Hi! han! hi! han! répéta l'animal, obstinément campé, au port d'arme, sur ses jambes de devant. — Scélérat! riposta le grand majordome, poussant l'âne par derrière avec des efforts si violents, que ce seigneur en était pourpre et comme sur le point d'éclater. — Hi! han! hi! han! — Tiens! tiens! » s'écria alors M. de Bugolin, donnant des coups de pied à l'âne comme s'il en pleuvait. Mais, pour cette fois, l'âne, qui était à ce qu'il semble d'un naturel rancunier, s'échappa en une ruade

qui vous étala tout à trac son grand majordome sur le carreau « Hourrah! hourrah! » cria le peuple, tandis que toute la cour se pâmait de joie.

Cependant Polichinelle était descendu de son échelle, et relevait le seigneur de Bugolin, qui n'avait aucun mal, mais qui fit semblant d'en avoir, pour se sauver au plus vite dans le fin fond de son palais. Polichinelle ne fit qu'un saut jusqu'au pavillon royal, où, s'étant mis à genoux, il demanda sa grâce avec un air de contrition si risible, que le roi, qui était ce jour-là sans doute en veine de clémence, lui dit : « Oui-dà ! petit drôle ! Je te l'accorde ; mais c'est à

la condition que tu feras servir ta rare imagination à me tirer de l'embarras terrible où je me trouve, relativement au mariage de ma fille. »

Or, mes enfants, voici quelle était la nature de cet embarras, dont tout le monde à Naples était bien instruit. Quelques années auparavant, le roi, étant menacé dans sa ville capitale par la flotte des Turcs, avait demandé au roi des nègres un secours d'hommes et d'argent. Le roi des nègres le lui avait accordé, à la condition qu'il recevrait en échange la main de la princesse de Naples, dont on s'entretenait dans le monde entier comme d'un miracle de beauté, dès qu'elle serait en âge d'être mariée. Le roi de Naples, dans le pressant besoin où il se trouvait, ne s'était point refusé à cette condition, et les Turcs avaient été taillés en pièces par les troupes combinées des deux souverains. Mais depuis ce temps la princesse, fille du roi,

avait grandi, et le jour même du début de Polichinelle à la cour, on avait vu arriver en grande pompe l'ambassadeur du roi des nègres, suivi de cinq cents négrillons couverts de peaux de tigres, et cerclés de bracelets d'or aux bras, aux jambes et au cou. Ledit ambassadeur venait tout bellement chercher la pauvre princesse au nom du roi son maître. C'était un grand sujet de désolation et de pitié qu'un mariage si mal assorti : car autant la princesse avait d'agréments de toutes sortes, autant son visage était charmant et son caractère aimable, autant le roi nègre était mal fait, mal tourné, mal envisagé, et le reste à l'avenant.

Aussi s'éleva-t-il un murmure d'approbation parmi la foule quand Polichinelle répondit au roi : « Sire, ce serait un meurtre que d'envoyer vivre la princesse, qui est proprement un astre de beauté, parmi les lions, les tigres et les nègres. — C'est mon avis, ami bossu, dit le roi, tandis que la princesse essuyait à la dérobée une larme qui brillait dans le coin de ses beaux yeux. Mais qu'y faire? car j'ai donné ma parole; en d'autres termes, je suis engagé d'honneur. — Quoi! reprit Polichinelle, le traité ne fait-il mention que de vos engagements, sire? et le roi des nègres ne s'est-il engagé à rien de son côté? — Hélas! dit le roi, dans la nécessité où j'étais à l'approche des Turcs, j'ai promis tout ce qu'on a voulu, et c'est moi seul qui dote ma fille, par-dessus le marché. Quant à mon gendre, pour s'égayer sans doute à mes dépens, il ajouta au traité cette clause dérisoire, qu'il donnerait à la princesse, pour unique présent de noces, une paire de pantoufles d'une matière aussi précieuse qu'on le souhaiterait, pourvu qu'elle se trouvât sur la terre. — Sambregoi! s'écria Polichinelle; séchez vos pleurs, princesse. Le roi des nègres ne vous touchera pas seulement l'ongle du petit doigt. Sire, faites-moi parler à l'ambassadeur. Je veux le renvoyer, avec ses négrillons, négrillonner chez ses pareils. »

32 VIE ET AVENTURES

Le roi aussitôt, tout en hochant la tête d'un air de doute, fit appeler l'ambassadeur nègre, qui occupait avec sa suite le pavillon de gauche. Dès qu'ils furent en pré-

sence, Polichinelle, au milieu du silence et de l'attention générale, lui dit : « Monsieur l'ambassadeur, je vous crois de l'esprit ; aussi je ne doute pas que vous ne sentiez une forte répugnance à emmener contre son gré cette belle princesse. — C'est mon ordre et je l'emmènerai, dit brutalement l'ambassadeur. — Fort bien, reprit Polichinelle, cependant, monsieur l'ambassadeur, il ne vous serait point malaisé de rendre la joie au cœur du roi et à celui de sa fille, sans mécontenter votre maître. Vous pourriez lui dire, par exemple, que la princesse est devenue tout à coup d'une laideur à faire éternuer, ou bien qu'elle est tombée folle, ou bègue, ou pied-bot, ou qu'il lui a poussé deux bosses comme à moi, ou quelque autre histoire propre à l'en dégoûter. — Bast! bast! mille baisers, mon bel ami! allez vous promener avec vos deux bosses! dit l'ambassadeur. — Ah! sambregoi! répliqua Polichinelle, chantons-nous sur cette gamme? volontiers! Eh bien, seigneur ambassadeur, ne devez-vous pas, d'après le traité, faire cadeau à la princesse d'une paire de pantoufles à son goût? — Oui, dit l'ambassadeur, pourvu que l'étoffe ou la matière dont elle les demandera, se trouvent sous le soleil. — De mieux en mieux. Et si vous refusez les pantoufles ainsi spécifiées, point de mariage? — Assurément, répondit l'ambassadeur, en riant d'un air d'insolent défi. — Or çà, monsieur l'ambassadeur, qui êtes si guilleret, reprit alors Polichinelle, la princesse a le bon goût de ne connaître rien sous le soleil d'aussi beau que votre peau, tant à cause de sa noirceur que de son luisant. Veuillez donc nous faire confectionner sans retard une paire de pantoufles à double semelle avec cette précieuse matière. Si vous aimez mieux garder votre peau pour votre usage personnel, dites à votre maître ce que vous voudrez, pourvu qu'il nous laisse tranquilles à l'avenir; et là-dessus, bonsoir, allez vous faire écorcher ailleurs. » L'ambassadeur, qui avait sans doute ses raisons pour ne pas vouloir être écorché, ne trouva d'autre réponse à faire que de se sauver à toutes jambes, suivi de ses cinq cents négrillons, et de se rembarquer, sans même prendre le temps de payer ses dettes. Mais le

roi de Naples était si transporté de joie, qu'il annonça l'intention de les payer pour lui, afin que personne n'eût à souffrir d'un si heureux événement.

Polichinelle, cependant, était l'objet de mille démonstrations d'amitié de la part des courtisans : car on se doutait qu'il allait entrer en grande faveur. Le roi, en effet, lui ordonna sur l'heure de lui demander ce qu'il voudrait, en retour du bon office qu'il venait de rendre à la famille royale. « Sire, dit Polichinelle, je demande quatre choses à Votre Majesté : la première, c'est qu'elle me reçoive parmi ses pages, et qu'elle me fasse donner des maîtres en toutes les sciences. — Je l'accorde, dit le roi. — La seconde, c'est que mon âne, à qui je dois tant, soit dispensé désormais d'aller au moulin et qu'il soit admis à brouter l'herbe de vos pelouses, sire. — Il la broutera, dit le roi. — La troisième, c'est que Votre Majesté fasse vivre mon père et ma mère dans une honnête aisance jusqu'à la fin de leurs jours. — Bien volontiers, dit le roi. Et la quatrième, mon ami ? — La quatrième, sire, c'est d'embrasser la main de la princesse. » Et tout le monde de s'extasier sur le merveilleux savoir-vivre de Polichinelle. Le roi dit qu'il le permettait. Là-dessus la princesse, en souriant de tout son cœur, tendit sa main au bienheureux petit bossu,

qui en baisa doucement quatre doigts ; puis, arrivant au pouce, il n'en fit pas plus de cérémonie.

## III

Polichinelle page du roi. — Les trois mésaventures du seigneur de Bugolin. — Première mésaventure. — Le secret de Polichinelle.

Le même soir, Polichinelle était installé dans le propre palais du roi, en qualité de page; son père et sa mère ne furent pas oubliés, et on leur donna dans les jardins de la cour une jolie maisonnette, agréablement située au milieu d'un bosquet d'orangers. La dame Pulci n'y avait d'autre occupation que de filer, à ses heures de loisir, des fils d'or et de soie pour la princesse, qui venait souvent, dans ses promenades du matin, faire la causette avec ces bonnes gens.

Les pages, camarades de Polichinelle, furent d'abord tentés de le turlupiner à cause de sa difformité et de sa laideur; mais bientôt tous devinrent ses amis, les uns redoutant son esprit déjà célèbre, les autres aimant le bon cœur qu'il faisait paraître en toute occasion : car lorsque l'esprit est uni à la bonté, cela fait un caractère dont l'amabilité entraîne tout le monde, et la beauté du visage est la dernière qualité dont les honnêtes gens s'avisent de tenir compte à un homme.

Polichinelle eut, comme il l'avait demandé, des maîtres en toutes les sciences : il savait que l'esprit naturel n'est rien quand on ne le fortifie point par l'étude, et il était résolu d'acquérir par son travail un si brillant génie que ses bosses en fussent éclipsées, et tous les traits de son visage embellis. Déjà on a vu que ses tours d'imagination l'avaient élevé jusqu'à la familiarité du roi et aux bontés

de la princesse : celle-ci, à partir de la soirée où elle en avait reçu ce signalé service, ne le rencontrait jamais sur son chemin sans lui donner quelque sucrerie, comme des citrons confits, des oranges ou des cédrats, et plus particulièrement des chinois, dont Polichinelle se montrait friand à l'excès.

Au milieu de ces douceurs, Polichinelle ne vivait pas toujours également tranquille : car il avait un ennemi puissant dans la personne du seigneur Ernest de Bugolin, qui ne lui pardonnait pas de l'avoir exposé naguère à la risée de la cour. M. de Bugolin, en sa qualité de grand majordome, avait la direction du quartier des pages, et ne négligeait aucune occasion de desservir auprès du roi le pauvre page aux deux bosses. Si quelque espièglerie avait été commise dans le palais, si, par exemple, un seigneur mettant la main à sa poche, y trouvait une souris se régalant de noisettes, ou bien si un ambassadeur entrait gravement à l'audience solennelle du roi, traînant attachée à sa robe une petite charrette de cartes, « Bon ! disait aussitôt M. de Bugolin, c'est Polichinelle ! voilà sa main ! »

Mais le roi n'y prenant point garde, le grand majordome résolut de pousser à bout sa patience, et ne craignit pas, pour y réussir, de se rendre coupable d'une indigne action.

Il savait que le roi avait pris en affection singulière un petit oiseau couleur de feu, qui lui avait été envoyé par le sultan du Bengale : ce petit oiseau, muet pendant le jour, avait coutume, à l'heure où tombe la rosée du soir, de chanter des airs célestes qui arrachaient des larmes d'attendrissement à tous ceux qui avaient le bonheur de les entendre.

M. de Bugolin, qui, comme toutes les sottes et méchantes gens, n'aimait pas la musique, tordit le cou au petit chantre du Bengale, et vous l'alla cacher sous le lit de Polichinelle. Le lendemain, comme tout le palais était

sens dessus dessous au bruit de la disparition de l'oiseau favori, M. de Bugolin fit fouiller tout le quartier des pages, et le corps de l'oiseau couleur de feu fut trouvé naturellement où ce méchant homme l'avait mis. Voilà le roi hors de lui : il ne veut pas même entendre Polichinelle, et il donne à M. de Bugolin l'ordre de faire administrer sur-le-champ à son page cinquante coups de fouet, en la place ordinaire de ces sortes d'exécutions.

Polichinelle sentit vivement l'affront qui lui était fait, et ne dévora point cette injustice sans en garder une dent violente contre le seigneur Ernest. Ayant remarqué que ce grand majordome était soigneux de sa personne jusqu'à la fatuité, et que rien ne lui semblait dans le monde si beau que son physique, ce fut par ce côté que Polichinelle se résolut à l'attaquer.

Dès le lendemain on trouvait dans tous les coins du palais une quantité de petites affiches sur lesquelles on lisait ces mots écrits à la main : Pour paraître prochainement, les soixante-treize manières et demie de mettre sa cravate, par M. de Bugolin. — La cour ne laissa point passer cette occasion de se divertir aux dépens du grand majordome, qui soupçonna aisément d'où lui pouvait venir cette mortification. — Un autre jour, au bal du roi, ce méchant seigneur, qui était fort vain de sa légèreté à la danse, se trouva tout à coup, au moment de passer un entrechat, incapable de lever la jambe : la semelle de ses souliers avait été secrètement enduite d'une sorte de poix qui, en s'échauffant, le retenait collé au parquet. Il fallut quatre forts laquais pour l'en arracher ; ce bel homme voulant alors essuyer son visage, tout ruisselant de sueur par suite des efforts qu'il avait faits et de l'humiliation qu'il ressentait, se frotta vivement de son mouchoir, sans prendre garde qu'il était plein de noir de fumée. Il se vit incontinent dans la glace, et, comme on pense bien, il fut le seul à qui sa mine de ramoneur ne donnât pas envie de rire.

Quelque temps après cette cruelle aventure, on s'entretenait dans la chambre du roi de la riche tournure de M. de Bugolin : « En effet, dit Polichinelle, qui était présent ; et personne, à le voir habillé, ne se douterait de son infirmité. — De quelle infirmité? demanda le roi. — Comment! reprit le malin bossu, Votre Majesté l'ignore-t-elle? — Quoi donc? — Sire, le premier venu de vos courtisans vous le dira. » Le roi interrogea alors ses courtisans, mais tous déclarèrent qu'ils ne savaient ce que voulait dire Polichinelle. Le roi, dont la curiosité se trouvait piquée au vif, revint à son page et le pressa de s'expliquer. « Sire, dit Polichinelle, je croyais la chose publique; mais puisque je suis seul à la connaître, il me semble que la discrétion me fait un devoir de me taire. — Dis-le-moi sous le sceau du secret, je te l'ordonne comme ton roi, » reprit Sa Majesté. Polichinelle alors, parlant à l'oreille du roi, lui dit :

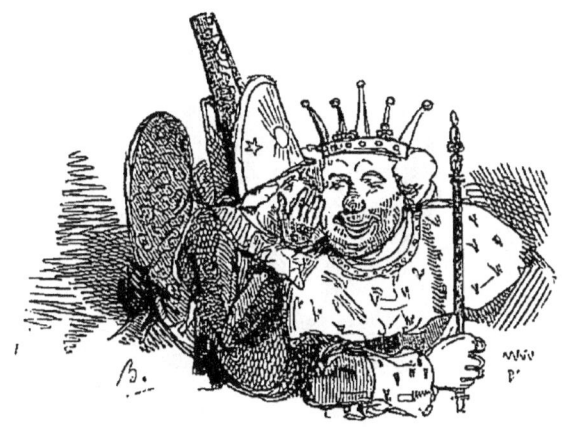

« Sire, le seigneur Ernest de Bugolin a des plumes. — Quoi! dit le roi, des plumes! est-il possible? — Sire, il en est couvert. — Peste! répliqua Sa Majesté, je ne m'étonne plus s'il est à la danse léger comme on le voit! Des plumes! cela est merveilleux! — Oui, sire, il a des plumes par tout le corps, ce qui le gêne passablement pour s'asseoir. » Là-dessus le roi se mit à rire en se frottant les mains.

Les dames et les seigneurs qui étaient là, ayant vu rire le roi, jugèrent que le secret du page valait quelque chose, et chacun tour à tour le prenait à part pour le solliciter de lui en faire confidence. « Je veux bien, disait à chaque fois Polichinelle, mais à condition que vous le garderez pour vous. » Puis il répétait ce qu'il avait dit au roi; et grâce à cette façon de confier l'histoire à tout le monde,

en recommandant le secret, il n'y eut pas bientôt dans le palais jusqu'aux derniers gâte-sauces qui ne fussent instruits que le seigneur Ernest de Bugolin était couvert de plumes sous son linge. C'est pourquoi on appela depuis secrets de Polichinelle tous les secrets mal gardés.

Cependant ce seigneur arriva pour le jeu du roi; ce

furent aussitôt des chuchotements, des clignements d'yeux, des sourires dont il n'avait garde de soupçonner la cause; quelques personnes même se haussèrent sur la pointe du pied pour plonger entre sa collerette et sa peau, et tenter d'apercevoir la naissance de son plumage. Le pire de l'aventure pour M. de Bugolin, fut, qu'ayant perdu au jeu, il s'avisa tout à coup de dire au roi : « Sire, je viens de me faire plumer. » A ces mots, toute la cour étouffa de rire, et le roi ne put s'empêcher de répondre : « Ma foi ! mon cher Ernest, vous avez bien fait. » Le seigneur de Bugolin, ne pouvant concevoir à qui diantre ils en avaient tous avec leurs rires et leurs singulières réponses, se retira fort mortifié pour réfléchir à ce qui lui arrivait.

Toutefois Polichinelle ne le tint pas quitte pour si peu ; il avait observé que chaque soir à la même heure, le grand majordome se rendait en cachette dans un pavillon de verdure, au bout des jardins, et l'ayant vu creuser la terre en un certain endroit, il avait été curieux de connaître dans quel dessein c'était. Il fouilla à la même place, et trouva un sac rempli d'écus d'or ; le seigneur Ernest était un avare, et, dans son appréhension d'être volé (les méchants sont soupçonneux), il enterrait son argent. Polichinelle avait l'âme trop honnête pour éprouver même la tentation de s'approprier le bien d'autrui : il eut soin de recouvrir fort proprement la cachette avec du gazon, après quoi il se rendit en cabriolant près du roi, qui soupait dans son grand salon de marbre.

« Qu'y a-t-il de nouveau ? dit le roi en l'apercevant. — Sire, lui répondit Polichinelle à demi-voix, votre grand majordome a tout à fait les mœurs des oiseaux ; il ne se contente pas du plumage, il va plus loin : il pond. — Comment ! s'écria Sa Majesté ; veux-tu dire par là que M. de Bugolin fait des œufs ? — Sire, il pond, cela est certain, répondit Polichinelle. — Bah ! dit le roi, fort surpris. —

Sire, répliqua le page endiablé, que Votre Majesté veuille bien m'accompagner demain soir, et tous ses doutes cesseront. »

Le lendemain au soir, le roi et Polichinelle traversaient en catimini les jardins du palais, le roi fort curieux de voir pondre son grand majordome, Polichinelle tout joyeux du succès de sa ruse. Arrivés au pavillon de verdure, ils se blottirent tous deux dans le feuillage, et aperçurent bientôt après le seigneur Ernest. Il entra dans le pavillon avec précaution, regarda autour de lui d'un air inquiet, puis, tournant le dos à ses deux mystérieux observateurs, voilà notre homme... « Ma foi! dit tout bas le roi à Polichinelle, tu as raison, je crois qu'il va pondre. Voilà une idée bien particulière! pondre! Il faut qu'un homme soit bien désœuvré pour s'amuser à pondre! Mais pourquoi diantre creuse-t-il ainsi la terre? — Il enfouit ses œufs, dit Polichinelle. — Allons! allons! repartit le roi en frappant sur sa cuisse d'un air sérieux, c'est décidé! c'est positif! il pond! »

Ils en étaient là de leur dialogue, quand M. de Bugolin

se releva et s'éloigna au petit pas, rêvant à ses écus. Le roi profita de son départ pour se faufiler à son tour dans le pavillon de verdure, et Polichinelle alluma sa lanterne. « C'est ici, dit le roi. — Bien, » dit Polichinelle ; puis, se servant de son couteau, il creusa légèrement la terre, mais non pas tout à fait à la place où il savait qu'était caché le trésor. « Ciel ! s'écria tout à coup le roi, qui surveillait l'opération avec le plus vif intérêt, voici un œuf ! en voici deux ! en voici trois ! en voici quatre ! — et toujours comptant, ils en trouvèrent jusqu'à douze. « Par ma couronne royale, s'écriait le roi en les retournant du bout des doigts, on dirait des œufs de dindon ! » Ce grand

monarque ne se trompait guère ; car Polichinelle les avait pris le matin même dans la basse-cour. « Eh bien, ma foi! ajouta le roi, je les emporte, et je sais bien ce que j'en ferai. » Il mit, en effet, les douze œufs dans son sein, et regagna son palais, précédé par Polichinelle qui portait la lanterne.

Il y avait à Naples, mes enfants, une académie de douze savants, chargés d'examiner tous les phénomènes qui se présentaient dans les sciences et dans les arts. Le roi convoqua le même soir cette illustre compagnie, lui exposa le fait singulier dont Polichinelle l'avait rendu témoin, et tirant les douze œufs de son giron, les fit passer à la ronde. Séance tenante, on apporta un fourneau; un des œufs fut mis à la coque, les autres en omelette, et trois des académiciens des plus dévoués à la science furent commis pour y goûter. Sur l'avis de ces doctes personnes,

l'académie, par l'organe de son président, rendit un arrêt portant : « Que les œufs du seigneur de Bugolin, bien qu'affectant la forme des œufs de dindon, en différaient complétement par le goût ; que leur saveur rappelait celle de l'ananas ; que ce fait extraordinaire méritait d'être approfondi, et que le seigneur de Bugolin serait prié, au nom du roi, et dans l'intérêt de la science, de se livrer sur-le-champ à une ponte spéciale, laquelle, divisée en plusieurs lots, serait envoyée aux académies étrangères, pour qu'elles eussent à s'en préoccuper. » Malgré l'heure avancée, une députation d'académiciens alla signifier cet arrêt à M. de Bugolin. Ce seigneur était au lit : à peine l'eut-on

mis au courant du message dont il était l'objet, qu'il se
leva comme un furieux et se mit à gesticuler avec si peu de

retenue, que la crédulité des académiciens n'y put tenir ;
il fallut bien reconnaître qu'il n'avait pas une seule plume
sur le corps, et que les œufs, comme le reste, étaient de
l'invention de Polichinelle. On ne sait qui éprouva le plus
de confusion, des académiciens ou du seigneur Ernest;
mais ce qu'il y a de certain, c'est qu'ils jurèrent tous de
tirer une vengeance éclatante du rôle ridicule que leur
avait fait jouer maître Polichinelle.

## IV

Seconde mésaventure de M. de Bugolin. — Ce qui arriva à la perruque de ce seigneur et à celle des académiciens.

Le lendemain, M. de Bugolin, suivi des douze académiciens, demanda une audience au roi, qui, malgré sa dignité,

ne put s'empêcher de sourire dans sa barbe en les voyant entrer. Le grand majordome, parlant au nom de tous, représenta à Sa Majesté que « l'État ne pouvait manquer d'être bientôt perdu, si l'on ne réprimait la hardiesse du jeune Polichinelle, car rien n'était sacré pour ce bossu ; il avait déjà trouvé moyen de tourner en risée, aux yeux de la cour et de la ville, le corps respectable de l'académie des sciences, et lui-même, grand majordome. Bientôt, s'il n'était puni, on le verrait s'attaquer au roi en personne ; et bref, on sollicitait humblement Sa Majesté de prévenir, par le châtiment de ce grand coupable, la ruine des institutions et de la monarchie. »

Le roi, ayant réfléchi à ce discours, prit un air sérieux et manda aussitôt près de lui Polichinelle. « Ami page, lui dit-il, j'avoue que je n'ai pas été sans prendre quelque plaisir à ton dernier tour d'esprit; j'en ai même ri une bonne partie de la nuit avec la reine. Mais il n'en est pas

moins vrai que tu nous as pris pour dupes, moi et ces messieurs; cela est contraire à l'ordre et d'un exemple funeste. Je ne puis donc m'empêcher, mon pauvre bossu, de te faire donner cinq cents coups de bâton sur la plante des pieds. — Sire, dit Polichinelle, m'est-il permis, au moins, de choisir le bois dont sera fait le bâton? — Soit, répondit le roi. — Eh bien, sire, je demande que ce soit un bâton d'angélique; du moins les morceaux en seront bons. — Non! non! reprit le roi sévèrement; il ne s'agit plus de plaisanter; j'y suis d'ailleurs peu disposé, car la princesse ma fille est depuis quelques jours dans une mélancolie dont les médecins assurent qu'elle mourra avant peu, si l'on ne trouve un moyen de la faire rire. Et cela est impossible; la pauvre enfant est sérieuse comme une morte. Rien n'y fait. — J'y ferai, moi, sire, s'écria Polichinelle. Je m'en charge. — Toi! dit le roi, tu feras rire ma fille? — Aujourd'hui même, sire. — Bon! reprit le roi, à ce prix je te ferai grâce des cinq cents coups de bâton; mais si tu ne réussis pas, tu en recevras mille. Messieurs, ajouta le roi, s'adressant à M. de Bugolin et aux académiciens, vous serez juges. — Je l'espère bien, » dit Polichinelle entre ses dents.

Quand le roi demanda à Polichinelle s'il n'avait besoin de rien pour exécuter ce qu'il se proposait, Polichinelle demanda seulement qu'on lui donnât une quinzaine de pigeons de la volière royale. Le roi y consentit, et sur-le-champ toute la cour se rendit dans les jardins. La princesse se mit à une fenêtre du palais sur l'ordre absolu de son père ; car elle n'avait pas le cœur à la joie, et il y avait

peine à la voir pâle, amaigrie, et les yeux toujours mouillés de larmes par l'effet de sa maladie mélancolique. « Allons, disait-on de toutes parts, la peur des coups de bâton a fait tourner la tête à ce pauvre Polichinelle, s'il espère avec ses pigeons guérir la profonde affliction de la princesse. » Mais c'était surtout dans le groupe formé par les académiciens et le seigneur de Bugolin que l'on raillait cruellement le page bossu et son entreprise désespérée.

Polichinelle se présenta bientôt, portant une grande cage où se débattaient les quinze pigeons du roi. « Que va-t-il faire ? disait Sa Majesté ; hélas ! ma fille ne rit point ! Et franchement, jusqu'à présent, il n'y a pas de quoi ! »

Cependant Polichinelle avait déposé la cage aux pieds mêmes de M. de Bugolin et des académiciens, leur disant poliment : « Messieurs, de cette façon, vous pourrez juger

mieux que personne de ce que vaudra ma plaisanterie. »
Puis, il tira de la cage un des pigeons, qu'il caressa quelque temps dans sa main, au milieu de l'attention générale.

La belle princesse pleurait toujours.

Tout à coup Polichinelle lâcha son pigeon, qui prit sa volée; personne n'avait remarqué que l'oiseau portait attaché à la patte un fil dont Polichinelle tenait le bout. Profitant du moment où M. de Bugolin suivait de l'œil, comme tout le monde, le vol du pigeon, le traître de page glissa lestement dans la perruque du grand majordome un hameçon qu'il avait eu soin d'adapter à l'extrémité de son fil; et voilà incontinent la perruque qui prend son vol dans les

airs. A ce spectacle inattendu, mes enfants, et à celui du seigneur Ernest sautant vainement à des hauteurs inouïes pour rattraper sa perruque, les rires éclatèrent avec tant de violence, qu'ils furent entendus à trois lieues en mer. Mais ce fut bien autre chose quand Polichinelle, ayant saisi le premier moment de stupeur pour accrocher avec une extraordinaire dextérité douze hameçons aux perruques des académiciens, lâcha subitement le reste de ses pigeons, qui enlevaient chacun leur trophée. Alors, mes amis, la belle princesse, qui avait tenu bon jusque-là, partit du même train que tout le monde, et se mit à rire de si grand cœur, qu'il y eut nécessité de lui serrer la taille, car elle ne pouvait plus s'arrêter. Quant au roi, ne sachant plus ce qu'il faisait, tant il avait de joie, on le vit embrasser publiquement un marmiton qui passait; et, bref, il fallut

l'emporter. Pigeons et perruques disparurent enfin dans les

nuages, tandis que le grand majordome et les douze savants, avec leurs têtes pelées, faisaient force de jambes jusque chez eux, au milieu des huées de tous les polissons napolitains.

## V

Troisième et dernière mésaventure du seigneur Ernest de Bugolin. — Son rhume de cerveau, et des suites singulières qu'il eut.

Cependant, les grands du royaume et les savants du pays se jugèrent tous outragés dans la perruque du seigneur Ernest, et se rendirent quatre par quatre au palais pour demander la mort de Polichinelle, chacun ayant intérieurement le nez plus long que de coutume. Après avoir entendu leur requête, le roi leur répondit « qu'ils étaient plaisants de vouloir le contraindre à faire mourir celui qui venait de sauver la vie de la princesse sa fille ; que le seigneur de Bugolin, ainsi que MM. de l'académie, devaient se féliciter d'avoir pu contribuer en quelque chose à cette heureuse cure ; du reste, que le premier qui ne serait pas satisfait n'avait qu'à le dire, et qu'on le pendrait. »

Là-dessus, les grands et les savants tournèrent les talons, et s'en allèrent dans le même ordre qu'ils étaient venus, fort effrayés de ce qui leur arrivait, et chacun regardant son nez en louchant pour s'assurer s'il ne poussait point au delà de ses limites naturelles.

Mais le roi, après avoir congédié ces messieurs, fit appeler Polichinelle, et montra bien qu'il était bon politique en lui conseillant de voyager pour achever son éducation. Polichinelle comprit qu'on voulait se débarrasser de lui ;

mais il en fut charmé : car il s'apercevait depuis longtemps qu'il n'était pas à sa place parmi tant de sottes gens, et que cette cour de Naples n'était point le théâtre qui lui convenait. D'ailleurs, il s'était si fort avancé dans ses études, que ses maîtres ne trouvaient plus rien à lui apprendre, et que même il faisait tout seul dans les sciences des découvertes dont ils ne se doutaient pas. Enfin Polichinelle, à l'ordinaire de tous les gens d'esprit, se sentait attiré vers la France comme vers son pays naturel. Il ne fit donc aucune difficulté de tomber d'accord avec le roi qu'un voyage lui était nécessaire, et il fut convenu qu'il partirait le surlendemain sans remise.

La nouvelle du départ de Polichinelle n'était pas pour rester longtemps secrète : elle porta aussitôt la consolation dans le cœur du seigneur de Bugolin et dans le sein de l'académie ; et, pour dire la vérité, à l'exception de la princesse, toute la cour sentit un mouvement de joie en apprenant qu'elle allait être délivrée de la frayeur naturelle et horrible qu'inspire l'esprit aux bêtes.

Mais le peuple de Naples vit d'un autre œil que la cour l'exil auquel se préparait Polichinelle : « Il s'en va ! disait-on sur les places, dans les rues, de porte à porte, de fenêtre à fenêtre, d'œil-de-bœuf à œil-de-bœuf ; il s'en va, notre Polichinelle ! l'ennemi capital du méchant Bugolin ! le vengeur du peuple ! il s'en va ! pleurons, braves gens, pleurons toutes nos larmes et buvons tout notre vin à sa santé ! Hélas ! hélas ! nous le perdons pour jamais, notre cher bossu ! grisons-nous avec ce bon vin pour nous étourdir! passons la nuit à boire, voisins! Dansons! à vos flûtes, vous autres! Hélas! »

Ainsi disait, mes enfants, la population napolitaine, moitié riant, moitié pleurant, comme un soleil d'orage. Car le seigneur de Bugolin ayant la charge de lever les impôts, en accablait cruellement ce pauvre peuple; et comme il n'y a pas de plus grande consolation pour les malheureux que de rire aux dépens de ceux qui les font souffrir, ce n'était pas sans raison qu'ils regrettaient Polichinelle.

Comme Polichinelle était occupé à ficeler son petit paquet de hardes, et à emballer ses livres, sa guitare et ses instruments de mathématiques, on lui annonça une députation des pauvres habitants de Naples et des dames de la

halle; il la reçut avec beaucoup de modestie, s'étonnant de l'honneur qu'on lui faisait. Après quelques mots de regrets, l'orateur de la députation termina ainsi son discours : « Oui, seigneur Polichinelle, vous faites bien de partir puisque vous le pouvez; mais nous, ô notre cher ami, nous ne le pouvons pas : nous avons des enfants, nous sommes vieux, nous sommes attachés pour jamais à cette terre. C'est pourquoi nous allons demeurer abandonnés à la tyrannie cruelle du seigneur de Bugolin, à moins que vous ne trouviez un moyen de lui faire perdre les bonnes grâces du roi. — Certes, bonnes gens, dit Polichinelle, attendri jusqu'aux larmes, j'y vais rêver. » Là-dessus la députation se retira remplie de joie de l'assurance que venait de lui donner le favori du peuple.

Polichinelle savait que le roi pardonnait tout aux grands seigneurs, excepté les fautes contre l'étiquette. Ainsi, dernièrement, M. de Bugolin, ayant tué un homme d'un coup de fouet, avait reçu du roi pour toute punition une petite tape sur la joue; le même jour, un courtisan qui, par mégarde, s'était couvert à la promenade du roi, rien que le temps de rattacher sa jarretière, avait été immédiatement saisi et décapité. Il s'agissait donc, pour perdre aux yeux du roi le seigneur de Bugolin, de l'induire à commettre une faute contre l'étiquette; mais malheureusement personne au monde ne connaissait l'étiquette comme M. de Bugolin, et plutôt que de le trouver en défaut sur cette matière, on lui aurait tiré l'âme du corps. Il ne savait que cela, mais il le savait bien, sur le bout de son doigt, comme les imbéciles savent une chose.

Polichinelle, toutefois, ne désespéra pas de le faire tomber dans un écart pitoyable, qui non-seulement serait une offense grave à l'étiquette du palais, mais en même temps un manque de convenance véritablement sans précédents. Il faut dire que M. de Bugolin avait accoutumé de prendre beaucoup de tabac, et qu'il ne pouvait demeurer plus de cinq minutes sans puiser dans sa boîte.

Polichinelle se régla là-dessus, et passa la nuit à broyer avec du tabac en poudre une espèce de plante dont il avait découvert, en étudiant la botanique, une propriété singulière : c'était qu'elle enrhumait immédiatement du cerveau ceux qui l'approchaient de leur nez, qu'elle faisait éternuer nombre de fois consécutives, et donnait une passion de se moucher telle, qu'il fallait la satisfaire sur l'heure ou en mourir. Polichinelle, après avoir bien mélangé cette plante avec le tabac en poudre, mit le tout dans une boîte à tabac exactement pareille à celle que portait M. de Bugolin.

Le lendemain, qui était la veille du départ de Polichinelle, M. de Bugolin était de service comme gentilhomme de la chambre, et devait, au coucher du roi, présenter la chemise à Sa Majesté, comme il se pratiquait dans ce temps-là.

Avant que le seigneur Ernest montât dans la chambre du roi pour cette cérémonie, le page qui le servait avait eu soin de retirer de la poche de ce seigneur son mouchoir et sa tabatière, comme l'en avait prié Polichinelle. Dès que le grand majordome fut près du roi, il fouilla dans son justaucorps, et n'y trouvant point sa boîte, il dit à son page, qui était dans l'antichambre, d'aller la lui chercher. Celui-ci rencontra sur l'escalier Polichinelle, qui lui remit la boîte où était le tabac mélangé, et le pria de ne la donner à son maître qu'à l'instant où le roi serait sur le point de changer de chemise. Le page, soupçonnant quelque espièglerie, se garda bien d'y manquer. Il attendit dans l'antichambre, surveillant par la serrure ce qui se passait; puis, dès qu'il vit le roi défaire ses chausses, il entra, faisant fort l'essoufflé, et remit la tabatière au grand majordome, lequel tenait déjà la chemise royale.

M. de Bugolin n'en fit ni d'une ni de deux : il ouvrit sa chère boîte et prit une prise. Le roi, en ce moment, ôtait sa chemise de jour. Ce fut alors que le seigneur de Bugolin, sentant l'effet de la plante de Polichinelle, éternua subitement ; puis, éprouvant cette fureur de se moucher qui en était la suite, il cherche précipitamment son mouchoir ; il ne le trouve pas, et cependant il ne peut attendre une minute, pas une seconde de plus : sa tête se perd, et tchint ! tchint ! le voilà qui se mouche au beau milieu de la chemise de nuit qu'il tenait à la main. « Quoi ! s'écria Sa

Majesté, quoi ! Ernest ! vous vous mouchez dans la chemise de votre roi ! — Sire... dit M. de Bugolin. Mais un

nouveau besoin irrésistible l'empêcha d'achever; et tchint! et tchint! la chemise y passe, au milieu d'un tel fracas d'éternumenls, qu'il semblait qu'on fût à une bataille. — Ernest! grand majordome! monsieur de Bugolin! monsieur! — criait le roi, qui grelottait entre ses deux chemises. Mais ce seigneur n'écoutait rien, et pour terminer, ne sachant plus où il en était, crac! il plia la chemise en tampon, et vous la mit dans sa poche.

« Qu'on me donne une autre chemise! dit le roi avec éclat, et qu'on arrête ce drôle, ce paltoquet, cet impudent moucheur, ce polisson! car il ne mérite pas d'autre nom! — Sire, sire, hasarda M. de Bugolin. Mais le roi, à son tour, n'entendait rien. — Ce sont des mœurs de cuisine que ceci! disait-il; nos chemises sont donc des serviettes de vaisselle à votre compte!... Mais, hélas! un événement impossible à prévoir rejeta tout à coup sur la tête de Polichinelle le danger qui jusqu'alors semblait planer sur celle du grand majordome. — Le roi, — qui était un fort priseur, — vint à puiser machinalement, en gesticulant de droite et de gauche, dans la tabatière fatale que le seigneur de Bugolin tenait encore tout ouverte à la main; — Sa Majesté s'étant, dans sa fureur, bourré le nez comme un canon, — il en résulta une explosion dont le monarque fut tout étourdi ; et comme il ne trouva sous sa main que sa chemise de jour, il ne balança pas à lui faire essuyer le même traitement dont le seigneur Ernest avait flétri la chemise de nuit.

Ce fait justifiait assez l'indiscrétion apparente de M. de Bugolin, et Polichinelle, qui était accouru au bruit, — ainsi que tout le palais, — vit bien qu'il était perdu. « Sire, s'écria-t-il, ne voulant pas laisser peser les soupçons sur le page, son camarade, sire, il n'y a qu'un coupable, et il est à vos genoux ! »

— Qu'on le pende à l'instant, dit le roi entre deux éternuments. Qu'on chasse du palais son père et sa mère, et qu'on noie son âne sans forme de procès.

## VI

Comment Polichinelle détruit une armée de cent mille Anglais sans brûler de poudre. — Polichinelle quitte Naples et l'Italie.

Le roi ordonna que le supplice de Polichinelle aurait lieu sur-le-champ, aux flambeaux : car on ne pouvait trop presser le châtiment du téméraire qui avait exposé la dignité royale à un affront si considérable. Sans perdre de temps on dressa la potence sur la place du palais : les pertuisaniers de la garde furent rangés à l'entour en ligne de bataille : la foule se tenait derrière, muette de douleur ; sur le grand balcon de son palais, le roi, en compagnie de M. de Bugolin, s'apprêtait à jouir de ce cruel spectacle.

L'exécuteur, ayant passé la corde au cou du pauvre Polichinelle, commença de monter à l'échelle. « Allez ! » cria le roi, donnant le signal…

A cet instant suprême on entendit un grand bruit dans la foule, et un cavalier, tout couvert de poussière et de sang, s'arrêta sous le balcon royal. « Sire, cria-t-il, je
« vous apporte la nouvelle que votre armée a été taillée
« en pièces par les Anglais. Lord Hureluberlu à la tête de
« cent mille hommes marche sur Naples : dès demain dans
« la soirée il sera devant vos murs. » Ce messager de

malheur n'avait pas achevé, que déjà les pertuisaniers de la garde, saisis d'une panique, se sauvaient ventre à terre

dans toutes les directions. « Hélas! dit le roi, je n'ai plus un soldat à opposer aux ennemis. Qui nous sauvera, moi et mon peuple, du massacre auquel il faut nous attendre pour la fin de ce jour, dont je vois déjà poindre l'aurore? — Ce sera moi, cria Polichinelle, si l'on ne me pend pas davantage. — A ces mots, qui furent accueillis par les cris de joie de la multitude, le roi descendit en toute hâte de son balcon, et, courant à Polichinelle, l'embrassa en lui demandant pardon de son emportement. Après quoi Sa Majesté commanda qu'on obéit toute cette journée au seigneur Polichinelle comme à elle-même.

Polichinelle n'eut pas plus tôt cette liberté, qu'il fit apporter pêle-mêle sur la place tout ce qu'il y avait dans Naples de grandes et petites glaces, miroirs ronds ou carrés, et jusqu'aux mirettes de poche. Puis s'étant informé de la route par laquelle devaient arriver les Anglais, il fit voiturer tous ces miroirs hors la ville, et les suspendit le long des hautes murailles qui regardaient la campagne de ce côté-là. Il y en avait une telle quantité qu'ils couvraient bien une demi-lieue de rempart du haut jusqu'au bas, et tellement serrés, mes enfants, qu'il n'y aurait pas eu entre deux la place de poser le petit bout de votre doigt, si mignon qu'il soit. Ensuite de cet agencement singulier, Polichinelle fit placer devant ces murs miroitants et sur le bord des fossés, qui étaient fort larges de ce côté, un millier de chandelles bien éméchées, et qui n'attendaient que l'allumette. Ces préparatifs une fois terminés, Polichinelle avec une trentaine d'allumeurs se tint sur les remparts, épiant l'arrivée de l'ennemi.

Comme la nuit venait de se faire dans le ciel, la formidable armée des Anglais déboucha en bon ordre sur la hauteur : s'attendant à une bataille, ils y firent halte pour souffler. Lord Hureluberlu, le général anglais, se fit donner sa lorgnette de combat, et l'ayant dirigée vers la plaine où il supposait que devait être Naples, il commença de lorgner à droite et à gauche : mais comme il faisait nuit, il ne vit rien.

Polichinelle, en cet instant, ayant reconnu au bruit l'approche des ennemis, donna le signal à ses hommes, qui, du haut des murs, à l'aide de longues perches, allumèrent mesdames les chandelles. A cet éclairage soudain, le général Hureluberlu, appelant à haute voix son lieutenant : « Approche, Colin-Tampon, lui dit-il ; voilà l'en-

nemi qui allume ses fanaux. — En effet, dit Colin-Tampon, j'aperçois l'armée napolitaine. » C'étaient, mes enfants, leurs propres soldats, cavaliers et fantassins, que ces deux capitaines découvraient au loin, se reflétant à la clarté des chandelles dans les miroirs dont les murailles étaient tapissées.

« Vingt diables ! reprit lord Hureluberlu, lorgnant de plus belle, qu'ils sont nombreux ! Ce qui m'étonne, c'est qu'un corps d'armée aussi considérable ne fasse pas plus de bruit ! Quel ordre ! quelle discipline ! Mais, ciel ! qu'ai-je vu? leur général me lorgne! Ah! le coquin se donne les gants d'être habillé comme moi! Mais fi! qu'il est laid! »

Or, c'était lui-même, comme vous le devinez, que lord Hureluberlu prenait pour le général napolitain.

« Voyons, dit le lieutenant Colin-Tampon, prenant la lorgnette à son tour : que disiez-vous donc, milord? c'est à moi que ressemble le général ennemi qui nous lorgne! — Mais non, c'est à moi! s'écria lord Hureluberlu, quand il eut repris la lorgnette. — Pardine! c'est bien à moi, vous dis-je, riposta Colin-Tampon en s'échauffant. — A toi, coquin effronté! » répliqua l'autre, tirant son sabre. Bref, on ne sait ce que serait devenue cette étrange dispute, si tout à coup Polichinelle et ses trente allumeurs ne se fussent mis à pousser des cris et à sonner de la trompette.

« Attention! à vos armes! dit alors le général anglais, oubliant sa querelle particulière, l'ennemi s'ébranle! en bataille, camarades! ne l'attendons pas! » Et voyant aussitôt dans les glaces l'image de son armée qui se mettait en marche : « Ils viennent! dit-il, les voyez-vous? en avant! en avant! sonnez, trompettes! houp! houp! au galop! »

Là-dessus, voilà toute la cavalerie anglaise, suivie de l'infanterie, qui se précipite vers la ville. Plus ils avancent vers le rempart, plus les reflets des miroirs sont limpides, plus l'ennemi leur semble proche : ils vont, ils vont, s'effrayant eux-mêmes par les mines grimaçantes et terribles qu'ils croient faire à l'ennemi et que les miroirs leur renvoient. Ils vont, ils vont, ils arrivent; ils pensent toucher l'ennemi, ils lèvent déjà leurs armes pour frapper, quand : patatra! chevaux, cavaliers, piétons, l'un sur l'autre, sens dessus dessous, se culbutent au milieu des chandelles et disparaissent dans les fossés pleins d'eau.

Les cent mille Anglais y périrent, mes enfants, et vous pouvez penser quel accueil firent après cela les habitants de Naples à Polichinelle, quand il descendit des remparts. « Le voilà! le voilà! criait-on, notre libérateur! notre sauveur! le noble seigneur Polichinelle! qu'il soit béni à jamais! » Cependant le roi, à la vue du triomphe de Polichinelle, se sentit pris d'un détestable sentiment de jalousie : il le remercia froidement de ses services, et s'étant aussitôt enfermé avec le seigneur de Bugolin, ces deux envieux  complotèrent de faire périr Polichinelle dès le lendemain matin, en mêlant du poison à l'une de ses friandises favorites : c'était le chocolat praliné à la crème.

Par bonheur, la princesse, fille du roi, entendit à travers la cloison ce qui se tramait contre le page auquel elle avait dû la vie ; elle se rendit à la hâte, de son pied léger, jusqu'à la chambre de Polichinelle, et ne lui laissa rien ignorer. Celui-ci, tout navré d'une si noire ingratitude, laissa tomber une larme sur la main de la bonne princesse, qui ne s'en montra point trop courroucée; puis, ne prenant que le temps d'embrasser son père et sa mère et de baiser son âne au front, il se fit transporter secrètement à bord d'une felouque espagnole, où il prit passage pour Marseille.

## VII

Horrible danger que court Polichinelle durant la traversée. — Comment il s'en tire. — Son entrevue avec un forban natif de Turquie.

L'équipage de la felouque espagnole, n'ayant pas pour respecter Polichinelle les mêmes raisons que le peuple de

Naples, ne manqua pas de prendre garde à sa tournure difforme, et de se divertir aux dépens de ses deux bosses.

Le capitaine, fort ignorant de son métier, et très-mauvais plaisant, comme tous les sots, ne laissa point passer une si belle occasion de faire l'agréable, et commença par demander à Polichinelle s'il ne comptait pas se débarrasser de son bagage, montrant sa bosse de derrière. — Polichinelle répondit en riant qu'il avait coutume de ne s'en jamais séparer. Le capitaine riposta en lui disant qu'il avait raison d'aller en France, où l'on prisait fort les beaux hommes, et où il était certain de rendre quelque princesse folle de lui. — Polichinelle, se piquant au jeu, répliqua qu'il n'allait pas en France à cause de cela, mais parce qu'il avait ouï dire qu'on y regardait généralement comme des pieds-plats ceux qui raillaient les infirmités de leur prochain. Là-dessus il lui tourna le dos, et s'alla coucher, le laissant fort penaud.

Mais le lendemain de grand matin, Polichinelle étant monté sur le pont pour voir le lever du soleil, il s'y trouva en face du capitaine : celui-ci le repoussa brutalement, et lui dit qu'il gênait la manœuvre et qu'il retournât se coucher. Polichinelle lui répondit fort poliment que loin de le gêner il prétendait lui être utile, et que, pour commencer, il l'avertissait qu'il devait se préparer à soutenir une forte tempête dont il voyait les signes à l'horizon. « Voilà un plaisant bélître ! dit le capitaine, qui croit m'apprendre mon métier. — A votre aise, monsieur, vous serez noyé, » dit Polichinelle, et il retourna dans sa cabine.

Le capitaine ne fit que rire de la prédiction de Polichinelle, et il était en train de s'égayer avec ses gens sur le compte du bossu, quand le vent changea tout à coup, le ciel devint noir, la mer grossit, et la felouque se mit à danser sur les vagues comme une marionnette. — Polichinelle reparut alors, et, s'approchant du capitaine, qui était tout tremblant devant la tempête, — car ceux qui se montrent insolents avec les faibles sont toujours lâches en face du danger, — il lui dit avec beaucoup de sang-froid : « Je vous l'avais bien dit, monsieur, que vous seriez noyé. » Le capitaine, furieux, au lieu de s'occuper à mettre son navire en état de résister à la tempête, ne songea qu'à se venger de l'humiliation où le réduisait Polichinelle : « Méchant bossu ! s'écria-t-il, si je suis noyé, tu le seras avant moi ! aussi bien il faut que tu sois sorcier pour avoir prédit cet ouragan dont je ne me doutais pas, moi qui tiens la mer depuis vingt-cinq ans ? Enfants, continua-t-il en s'adressant à son équipage effaré, c'est le bossu, c'est le sorcier qui nous amène la tempête ! jetons-le à la mer ! — A la mer, à la mer ! » répéta l'équipage. Aussitôt le pauvre Polichinelle fut enlevé par-dessus bord, et suspendu entre le ciel et la mer.

Dans cette situation désespérée, il ne perdit point la tête : « Sambregoi, bonnes gens ! dit-il, vous n'aurez pas longtemps à vous réjouir de ma noyade. J'aperçois là-bas quelqu'un qui me vengera avant peu ! » Tous les yeux se tournèrent vers le point qu'indiquait Polichinelle, et un cri de terreur lui répondit : à moins d'un quart de lieue on voyait briller les canons d'un corsaire turc qui arrivait à toutes voiles sur la felouque. — « Grand Dieu ! s'écria le capitaine, nous allons tous être empalés ! » Et ce disant, le capitaine se roulait en pleurant sur le pont de sa felouque. « — Vous avez là, compagnons, dit Polichinelle, un capitaine fort poltron : n'était que vous m'allez noyer, comme je possède à fond la langue turque, je vous sauverais des griffes du corsaire, sans tirer un coup de pistolet! » A ces mots, l'équipage entoura Polichinelle, et se mit à genoux devant lui, en le suppliant d'oublier le passé,

et de ne pas abandonner à la barbarie des Turcs tant de pauvres gens, dont plusieurs étaient pères de famille. Quant au capitaine, on le lui livrait pieds et poings liés, et on le priait de prendre la place de ce lâche animal. C'est ainsi, mes enfants, que tôt ou tard le mérite et la science trouvent leur place dans le monde, et obtiennent justice des hommes.

Polichinelle demanda seulement que le capitaine fût envoyé à fond de cale, afin qu'on n'entendît plus ses piteux gémissements : après quoi il se retira dans sa cabine, où il s'habilla à la turque, ce qui lui donnait la plus singulière mine qui se soit vue. Il descendit ensuite dans un canot, et gagna en toute hâte le vaisseau corsaire, qui n'était plus qu'à une centaine de brasses de la felouque. Il faut vous dire que Polichinelle avait enduit son vêtement oriental d'une odeur extrêmement forte et désagréable, tirée du suc d'une plante nauséabonde : aussi était-ce proprement une infection rien que de l'apercevoir.

Ce fut en cet équipage que don Polichinelle aborda le vaisseau turc, et fut hissé à bord. A l'aspect de ce bossu turcal, et au fâcheux parfum qui s'exhalait de sa personne, les forbans ne purent s'empêcher de témoigner une vive surprise, et de se boucher le nez.

« — Ce n'est rien, » dit Polichinelle, et passant outre, il se fit conduire au bacha qui commandait le corsaire.

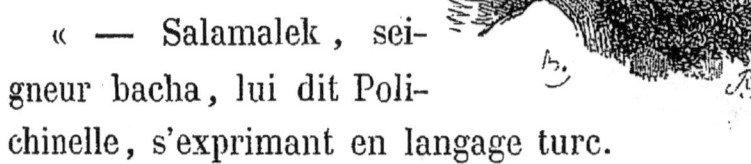

« — Salamalek, seigneur bacha, lui dit Polichinelle, s'exprimant en langage turc.

— Par Mahom! murmura à demi-voix le bacha, voilà une odeur impertinente!

— Ce n'est rien, dit Polichinelle. Ami bacha, j'étais prisonnier de ces mécréants espagnols, dont j'espère bien que vous allez prendre la felouque : j'ai eu le bonheur de pouvoir me sauver, et...

— Mais, interrompit le bacha, mais, mon frère bossu, quel parfum diabolique est-ce là ?

— Ce n'est rien, dit Polichinelle ; j'ai donc eu, dis-je, le bonheur de pouvoir me sauver, et...

— Mais, interrompit derechef le bacha, vous sentez horriblement mauvais, mon frère.

— Ce n'est rien, dit encore Polichinelle. Je me suis donc sauvé, ami bacha, et j'espère...

— Par ma barbe ! s'écria le bacha, entre nous, jeune homme, vous infectez !

— Ce n'est rien, reprit Polichinelle.

— Quoi ! rien ? dit le bacha ; on n'y peut tenir ! vous empoisonnez, en un mot !

— Ce n'est rien, seigneur, répliqua Polichinelle, c'est la peste.

— La peste ! s'écria le bacha, se levant avec précipitation, et se calfeutrant le nez de son mieux, la peste !

— Oui, cher seigneur, dit Polichinelle, ce n'est que la peste. Rien de plus, en vérité. Tout l'équipage espagnol s'en meurt, si bien que vous n'aurez aucune peine à prendre la felouque...

— Mille babouches ! se récria le bacha, je ne prendrai

ni elle ni toi, empesté bossu du diable! Va-t'en! veux-tu t'en aller! Qu'on le rejette dans sa barque! le drôle a la peste! et sauvons-nous à toutes voiles, enfants! la felouque est pestiférée! »

Le bacha n'avait pas achevé ces mots, que Polichinelle avait déjà regagné la felouque, où il fut reçu avec des transports de joie. Car on voyait déjà les corsaires tourner les talons, comme des voleurs qu'ils étaient, et ils furent bientôt hors de vue.

Quand Polichinelle, après une heureuse traversée, eut conduit son équipage à Marseille, ces braves gens, qui avaient eu le temps de lui reconnaître autant de bonté d'âme qu'il avait d'esprit, ne purent se séparer de lui sans verser des larmes.

## VIII

Où l'on voit reparaître le gros chat couleur de suie. — Voyage de Polichinelle. — Ce qui lui arriva dans une forêt de la Beauce.

A peine débarqué, Polichinelle se mit en quête d'un cheval sur lequel il pût courir la poste jusqu'à Paris, où il était dans une grande impatience d'être rendu. Dans son hôtellerie même, il trouva un assez beau barbe qui semblait plein d'ardeur, et qui entendait le galop à ravir. Tandis que Polichinelle était occupé dans la cour à conclure son marché avec l'hôte, un gros chat de couleur suie vint se frotter contre ses mollets, en miaulant d'un air douce-

reux. « Est-ce à vous, ce beau chat? demanda-t-il à l'hôte. — Oui, seigneur étranger, répondit l'hôte, qui s'appelait Cascaillou et qui avait bien la mine d'un sournois. — Il est fort beau, reprit Polichinelle. — C'est le meilleur de mes postillons, ajouta le sieur Cascaillou en clignant de l'œil, et en faisant sonner dans les poches de son haut-de-chausses l'argent que venait de lui compter Polichinelle. — Bonhomme, répliqua celui-ci, vous me paraissez fûté! expliquez-vous. — Je veux dire, répondit Cascaillou, que ce chat, tel que vous le voyez, connaît la route de Paris sur le bout de sa patte : je l'ai donné pour guide à beaucoup de voyageurs qui s'en sont léché les doigts. — Oui-da? Je l'emmène en ce cas, dit Polichinelle, ne fût-ce que pour savoir jusqu'à quel point vous  êtes un escroc, mon brave homme. » Puis il paya pour le chat, comme il avait fait pour le cheval, enfourcha le dernier, et hop! hop! le voilà parti.

Il n'eut pas plus tôt le dos tourné, que le gros Cascaillou éclata de rire, et s'assit sur un banc devant sa porte, en se tenant les côtes.

Cependant Polichinelle galopait ventre à terre sur la route de Paris, et s'étonnait de voir le gros chat tricoter des jambes devant lui avec une vitesse merveilleuse. « Voilà certes, disait-il, un animal singulier! » Mais sa surprise se changea bientôt en inquiétude, quand il s'aperçut que la course du chat devenait de plus en plus rapide, et que son cheval le suivait, comme entraîné par une fureur particulière. Polichinelle essaya de modérer l'emportement de sa monture, mais ce fut peine perdue : le chat et le cheval semblaient enragés : bientôt notre cavalier vit passer à droite et à gauche, comme dans un rêve plein de vagues images, les arbres, les maisons, les villes, les clochers et les voyageurs stupéfaits. « Arrêtez ! arrêtez ! » criait-on partout sur le chemin ; mais avant que personne eût fait un mouvement, on n'apercevait plus ni chat, ni cheval, ni cavalier. « C'est le diable ! disaient les bourgeois. Je suis bien aise de l'avoir vu. »

« — Sambregoi ! criait Polichinelle, ami chat ! mon bonhomme ! mon gros toutou ! ne dîne-t-on point ? qu'est-ce ? où allons-nous de ce train ? vous êtes trop gaillard ! holà ! Sambregoi ! mon haut-de-chausses fuit sous moi ! » Mais ces beaux discours ne faisaient en apparence qu'éperonner l'ardeur du gros chat, et Polichinelle continua longtemps ainsi de fendre l'air, se tenant de côté pour pouvoir respirer. Or, voici, enfants, quelle fin eut ce surprenant voyage : à la tombée de la nuit, le gros chat, le cheval et Polichinelle traversaient toujours du même train une sombre forêt de châtaigniers, quand subitement toute la cavalcade s'abîma dans la terre, et disparut comme par enchantement.

## XI

*Parmi quelles gens se trouve Polichinelle, et comment il en met une partie à la broche dans une réjouissance.*

Il y avait dans la forêt de châtaigniers, à la place où Pochinelle avait été englouti, une grande trappe fixée par le milieu sur une traverse mobile : à la moindre pression, la trappe faisait bascule, et tournait brusquement sur elle-même, de sorte qu'il suffisait d'appuyer le pied sur une de ses extrémités, pour se trouver l'instant d'après la tête en bas sous la terre.

Polichinelle et son cheval vinrent tomber, les quatre fers en l'air, au milieu d'une trentaine de personnages d'un aspect rébarbatif au dernier point. Outre qu'ils étaient coiffés jusqu'à la moustache d'énormes feutres à plumets, ils étaient ensevelis jusqu'à la ceinture dans des bottes extraordinaires par leur taille. Joignez à cela un air de visage assortissant, un équipage de guerre complet, et imaginez-vous cette société éclairée par les reflets mouvants d'une vingtaine de torches.

« — Bonjour la compagnie ! s'écria Polichinelle, arrivant la tête la première au milieu de cette aimable réunion. — Hourrah ! soyez le bienvenu, seigneur Polichinelle, » lui répondirent en riant les voleurs : car on se doute que c'en était. Celui d'entre eux qui paraissait le plus considérable s'approcha alors de Polichinelle : c'é-

tait le capitaine Ronflard : un large emplâtre noir lui couvrait un œil et toute une moitié du visage ; non content de cet agrément, le farouche Ronflard y joignait celui d'un nez absurde, dont la description viendra en son temps.

— Seigneur Polichinelle, dit le capitaine Ronflard, nous avions besoin dans notre compagnie d'un esprit inventif : nous connaissions le vôtre de réputation ; c'est pourquoi j'ai envoyé à Marseille mon gros chat gris-gris, lequel est un peu sorcier, et Cascaillou, qui est de notre société, afin de vous attirer adroitement dans notre demeure. J'espère que vous allez rester avec nous ; car si vous refusiez, je me verrais forcé, quoiqu'à regret, de vous mettre bouillir vif en un pot. — Je me connais, je ne vaudrais rien bouilli, dit Polichinelle ; je suis donc à vous, messieurs, corps et âme. — En ce cas, touchez là, dit Ronflard, et suivez-nous. »

Là-dessus, les voleurs ayant quitté la petite esplanade qui se trouvait au-dessous de la trappe, commencèrent à descendre dans le souterrain par une rampe d'une pente si raide, que Polichinelle avait peine à s'y tenir debout. Arrivé au bas de ce chemin rapide, qui avait bien cinq cents pieds de long, Polichinelle, donnant le bras au capitaine Ronflard, entra dans une enfilade de cavernes, où le soleil ne pénétrait jamais, et qu'éclairaient jour et nuit des lampes suspendues aux voûtes. C'était là que cette troupe de mécréants faisait son séjour, et mangeait en débauches épouvantables le fruit de ses expéditions. Polichinelle, malgré les amitiés dont on l'accablait, s'aperçut bien qu'il était gardé à vue, et qu'il ne devait pas songer à s'échapper de ce vilain lieu par des moyens ordinaires, à moins d'y vouloir laisser sa peau. Aussi passa-t-il la nuit à méditer un plan d'évasion singulièrement hardi; mais il était résolu de braver mille morts pour se sauver de ce repaire infernal.

Le capitaine Ronflard étant parti en campagne le soir même de l'arrivée de Polichinelle, emmenant avec lui une dizaine d'hommes, notre héros jugea l'occasion favorable pour sa tentative audacieuse, et ne voulut pas la différer.

Le lendemain, dès leur lever, les brigands ayant placé Polichinelle au milieu d'eux, se mirent à table dans la caverne à manger, et commencèrent de gobelotter, les coudes sur la table, comme des goujats qu'ils étaient. Polichinelle, quand il les vit un peu montés en gaieté : « — Vive

Dieu! mes camarades, leur dit-il en riant, voilà une vie charmante que celle-là! Mais j'avoue qu'après ces bombances délectables je ne puis m'empêcher de regretter ce

divertissement si favorable à la digestion, qui charmait, à la cour de Naples, nos après-dînées! — Oui-da! et quel est-il? s'écria la bande tout d'une voix. — Je veux parler, reprit Polichinelle, du divertissement des montagnes russes : il consiste, comme vous le savez, à descendre sur une pente extrêmement rapide, dans de petits chariots roulant en ligne droite, par le moyen de rainures ou coulisses qui assurent le jeu des roues. Or, rien ne serait plus aisé que d'établir en un moment un appareil aussi simple, sur la rampe que j'ai descendue hier soir pour arriver ici. —

Sabre! mort! pantoufles! s'écrièrent de tous côtés les brigands, se levant de table en même temps, que ce bossu a d'esprit! Compagnons, à l'œuvre! aide-nous, Polichinelle! nous voulons, avant deux heures, nous livrer à ce plaisant exercice. »

Voilà donc tous mes pendards, la hache, la scie et le marteau à la main, les uns façonnant de petites roues sur lesquelles ils adaptaient ensuite des caisses d'emballage en guise de chariots, les autres fixant sur la pente de la rampe des coulisses à rainures où devaient glisser bientôt ces jolis équipages.

Polichinelle allait et venait de ci et de là, surveillant les travaux, donnant des conseils, disant à l'un tric et à l'autre trac, et, dès qu'il n'était pas vu, gambadant et se frottant les mains en signe d'espoir.

Bientôt tout fut prêt : on monta les vingt chariots, car chaque bandit avait voulu le sien, sur l'esplanade qui était ménagée au-dessous de la trappe de la forêt, et en haut de la rampe; on les engagea l'un derrière l'autre dans les rainures, de façon qu'ils n'attendaient plus pour partir qu'une légère impulsion. Sur l'avis de Polichinelle, et pour donner plus d'éclat à la fête, la voûte et les parois, depuis le haut jusqu'au bas de cette longue côte, avaient été illuminées de torches et de bougies en si grand nombre, qu'il semblait que ce fût l'escalier d'un palais de fées.

Polichinelle ayant demandé à demeurer au bas de la rampe pour jouir du coup d'œil, cela lui fut accordé sans peine; on le pria même de donner d'en bas le signal du départ en frappant trois fois dans ses mains, ce qu'il fit presque incontinent.

Les vingt chariots alors, portant chacun son bandit, se lancèrent sur la rampe escarpée, et commencèrent à descendre avec une effrayante rapidité : mais, grand Dieu! qu'est-ce-ci? Soudain, comme ils sont vers le milieu de la pente, et au plus fort de leur course, Polichinelle tire de derrière son dos une broche de cuisine longue de trente pieds au moins, et vous la tient en arrêt, la pointe à la hauteur des chariots qui arrivent sur elle bride abattue! Ah! mes enfants, quelle terreur, à cette perspective embrochatoire, se peint sur le visage des bandits! Entendez-vous leurs cris? Les voyez-vous se démener comme des possédés dans leurs chariots, dont ils ne pourraient sortir sans se briser, tant la vitesse est effroyable? Il faut donc, bon gré, mal gré, qu'ils continuent de dévaler sur la broche; ils roulent... ils roulent... et zig, zig, voilà le premier bandit qui arrive comme la foudre, et se passe trente pieds de lame à travers le corps. Les autres, voyant leur camarade à cette sauce, font, comme on pense, de laides mines d'apothicaires, mais il faut bien qu'ils y viennent à leur tour! ils roulent... ils roulent... et zig, zig, zig, ils s'embrochent tous supérieurement, l'un chassant l'autre;

mort terrible, mais digne fin d'une vie criminelle!

Polichinelle, après ce grand exploit, n'attendit pas le retour du capitaine Ronflard : il chargea la broche, avec son étonnant gibier, sur une charrette qu'il trouva dans les remises du souterrain, y attela six chevaux, et, prenant la première route frayée qui s'offrit à lui au sortir de la forêt, il arriva en moins de deux heures dans la ville de Chartres.

## X

*Quelle surprise attendait Polichinelle dans la capitale de la Beauce.*

Au bruit que faisait la charrette de notre vainqueur sur les pavés chartrains, les habitants furent bientôt aux fenêtres : ils n'y restèrent que le temps d'entrevoir Polichinelle, et son singulier attelage, et la brochette de bandits qu'il avait dressée sur le devant en guise de pavillon. Des fenêtres on ne fit qu'un saut dans la rue, et tout ce qu'il y a de badauds dans cette ville, la plus badaudière du monde, arriva clopin-clopant avec don Polichinelle, sur la grande place du beffroi municipal, — aujourd'hui la place des Épars.

Polichinelle expliqua en quelques mots son aventure, et ceux même qui avaient d'abord été tentés de railler sa méchante tournure se prirent à lui serrer les mains et à baiser les basques de son habit ; car il n'y avait pas de nuit que la ville de Chartres n'eût à se plaindre de la férocité de ces bandits, que Polichinelle venait d'exterminer : tantôt c'était une cloche qu'ils volaient dans le clocher, tantôt un canon qu'ils enlevaient dans l'arsenal, tantôt un gendarme tout botté, et cela, malgré la plus active surveillance.

Polichinelle, pressé de se soustraire à l'enthousiasme populaire, s'informa de l'adresse du commissaire, à qui il prétendait faire sa déposition sans plus tarder. Mais la foule, ayant dételé les chevaux, voulut traîner elle-même son libérateur jusque chez ce magistrat.

Quand Polichinelle entra dans la salle basse où l'attendait M. le commissaire, il fut un moment comme frappé de stupidité, en reconnaissant dans le nez de cet officier public le propre nez qu'il avait vu la veille au milieu du visage du capitaine Ronflard. Ce nez, en effet, n'était point de ceux qui courent les rues, et qu'on peut oublier après les avoir vus une fois ; c'était un nez tropical, dont on pouvait dire qu'il arrivait toujours un quart d'heure avant son propriétaire, tant la longueur en était mirifique. Il s'élançait, mes amis, tout droit devant lui, comme un trait d'arbalète, comme un canon sur son affût, comme un brancard de voiture, et son extrémité était rehaussée d'une verrue en vedette, sur laquelle croissaient trois poils rouges relevés en panache vers le ciel.

Deux nez pareils ne sauraient exister ensemble sous le soleil : aussi Polichinelle ne s'y trompa point, et, malgré l'absence de l'emplâtre qui la veille couvrait l'œil du capitaine Ronflard, il comprit tout de suite que ce commissaire, par un audacieux cumul, unissait à ses fonctions de police l'odieux métier de chef de brigands. Dès lors, rien n'était moins surprenant que l'inutilité des poursuites de la maréchaussée chartraine, guidée par ce magistrat prévaricateur à la recherche de la bande dont il était capitaine.

Toutefois Polichinelle, se contraignant, feignit de ne pas avoir reconnu Ronflard sous la robe de commissaire, et celui-ci en parut charmé; il se fit raconter l'évasion de notre héros, et, tout en caressant de la main son gros chat qui grondait à ses côtés,  il complimenta Polichinelle sur son courage, et le pria de souper avec lui.

## XI

*De la rencontre que fit Polichinelle dans une prison. — La queue du Diable. — Moyen d'évasion jusqu'alors inconnu.*

« Souper avec vous, monsieur le commissaire ! » dit Polichinelle, lorgnant du coin de l'œil la table déjà servie où fumait un ragoût de bonne mine, flanqué d'un pâté du cru et de trois flacons poudreux. — Hélas ! mes enfants, c'est en vain que nous aurions voulu dissimuler jusqu'au bout le défaut dont le caractère de notre héros était entaché : il faut l'avouer, — et peut-être son goût déclaré pour les petits riens sucrés vous l'a-t-il déjà fait soupçonner, — Polichinelle aimait à manger presque autant qu'à faire le bien. — C'était aussi, disons-le, une tentation bien forte que ce souper de commissaire qui s'offrait à Polichinelle, avec toutes les séductions d'une chère opulente, dans le moment où son appétit était aiguisé jusqu'au vif par la fatigue de ses exploits.

— Volontiers, dit-il au faux commissaire ; et, oubliant toute prudence, Polichinelle prit place à la table, entre le capitaine Ronflard et le gros chat couleur de suie.

Ce qui se passa dans ce souper, mes amis, on ne l'a jamais bien su : Polichinelle ayant confessé qu'il ne se le rappelait pas lui-même, quelques-uns en ont conclu qu'il s'y était enivré jusqu'au point de perdre l'esprit. Nous en serions fâché pour sa gloire.

Ce qu'il y a de certain, c'est qu'en se réveillant le lendemain matin, Polichinelle se trouva couché sur la paille dans un lieu humide, où la lumière du jour ne pénétrait qu'à grand'peine par une étroite meurtrière. Il n'eut pas besoin de longues réflexions pour se douter qu'il était en prison, et que le faux commissaire l'y avait fait jeter pour n'avoir plus de témoin de ses crimes. Là-dessus, il songea que peut-être il ne reverrait plus jamais le soleil dans la campagne, et, tout en rêvant, la tête dans sa main, il se rappela la riante maisonnette qu'habitaient son père et sa mère au milieu des bosquets de citronniers, les tendres adieux qu'il avait reçus de ces bonnes gens, et comment son âne aussi l'avait regardé d'un air triste quand il prenait congé de lui pour toujours : ces souvenirs le navraient et lui arrachaient des larmes.

« Qui est-ce qui se plaint par là? dit tout à coup une voix près de Polichinelle. — C'est, répondit-il en soupirant, un pauvre fils de pêcheur, bossu par derrière et par devant, et dégoûté de la gloire. — Qu'est-ce à dire? reprit la voix. — Hélas! répliqua Polichinelle, j'ai voulu par mon savoir et mon génie effacer la disgrâce de ma naissance : c'est en vain que je me suis ouvert la porte des

palais et l'accès des grandeurs; l'injustice et la haine m'en ont repoussé. Et vous, qui êtes-vous, pauvre malheureux? — Je suis, dit la voix, le bon homme Patience, et je fais métier de montrer les marionnettes, pour divertir gratis les pauvres gens et les petits enfants. J'attends, pour faire mieux, que le monde devienne meilleur, ce qui ne peut manquer d'arriver un jour ; et, en attendant, je me moque de lui sur mon petit théâtre : c'est ainsi que je me suis attiré la haine du méchant commissaire.

— Par ma figue !... » s'écria Polichinelle ; mais il fut interrompu d'une cruelle façon : la porte du cachot roula sur ses gonds rouillés, et le commissaire entra brusquement, suivi de son gros chat noir. A la lueur d'une torche que portait le guichetier de la prison, le funeste Ronflard fit lecture aux deux prisonniers d'une sentence qui les con-

damnait à être pendus dans une heure, sous le prétexte qu'ils avaient fait partie de la bande de la forêt. Comme Polichinelle voulait se récrier contre cette notoire injustice, le commissaire se retira en ricanant. Polichinelle, furieux, avisant le gros chat qui sortait à la suite de son maître, se jeta sur la porte et la ferma avec tant d'à-propos que la queue de l'animal diabolique fut coupée net à sa naissance. Incontinent elle changea de forme et prit l'apparence d'une corde tortillée à l'infini et se terminant par une houppette fauve qui répandait une forte odeur de soufre. — Au reste, en voici l'image.

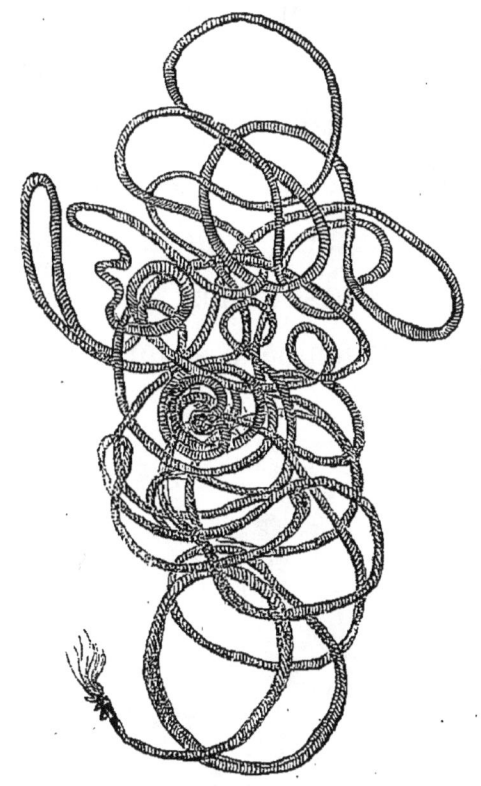

certifié conforme B.

« Ah çà, dit Polichinelle, tenant à la main cette queue

singulière, êtes-vous d'avis, mon cher bonhomme Patience, que nous attendions qu'on nous vienne quérir pour la potence? — Non pas, répondit le bonhomme; mais comment faire? — Voici, reprit Polichinelle : j'ai de fortes raisons de penser que cette queue est cousine germaine de celle du diable, si ce n'est elle en personne : or, j'ai vu dans un vieux livre que le diable, quand il voyage, n'a pas d'autre monture que sa queue, et qu'il lui suffit de nommer l'endroit où il veut être rendu pour s'y trouver porté aussitôt. — Essayons, mon cher seigneur, dit Patience : servons-nous, pour combattre le diable, des armes qu'il nous fournit lui-même : cela doit être permis à d'honnêtes gens, et d'ailleurs nous n'avons pas le choix.

En même temps, Polichinelle se mit à califourchon sur

la queue, dont il tenait la houppette en guise de bride; le bonhomme Patience se plaça en croupe derrière lui.

— Y êtes-vous? dit Polichinelle; bon; nous allons voir. Hop! à Paris!

Le commissaire entrait au même instant, accompagné de l'exécuteur : il demeura comme pétrifié sur le seuil en voyant disparaître ses deux prisonniers par la cheminée, et les trois poils rouges de son nez blanchirent à l'improviste.

## XII ET DERNIER.

Polichinelle aux Champs-Élysées. — Pourquoi cette histoire, afin d'être véridique jusqu'au bout, ne finit pas.

Polichinelle avait à peine eu le temps de s'apercevoir qu'il changeait de place, quand il mit pied à terre avec son compère, le bonhomme Patience, au beau milieu des Champs-Élysées. — C'était par une belle journée de printemps, et cette riante promenade, animée, à l'heure de midi, par le joyeux gazouillement des enfants, par les chants des musiciens ambulants et les cris des bateleurs, offrait aux yeux l'aspect du plus agréable lieu de divertissement qui puisse être au monde.

« Voilà, s'écria Polichinelle, un endroit de plaisance où ce me serait une rare douceur de passer ma vie, loin des rois, des grands majordomes et des commissaires.

— Et quel empêchement y voyez-vous, mon cher seigneur? dit le bonhomme Patience en clignant de l'œil.

— C'est que, répondit Polichinelle, je n'ai pas un sou dans ma pochette, tout mon bagage étant resté à Chartres, et, par malheur, je suis d'un naturel, moi, à aimer mieux manger trop — que pas du tout. — Écoutez, répliqua le

bonhomme Patience, j'ai une idée en tête et je la crois bonne : j'établirai en ce lieu-ci mon petit théâtre; il ne peut manquer d'y prospérer, si vous voulez y paraître comme acteur; nul doute que votre esprit, joint à votre bizarre figure (pardon, seigneur), ne m'attire bon nombre de spectateurs.

— Peut-être, bien, dit Polichinelle, et j'avoue que j'y pensais. Puisque je n'ai trouvé chez les grands qu'envie et malice, quel meilleur usage pourrais-je faire de l'esprit que Dieu m'a donné, que de l'employer à divertir les pauvres gens qui n'ont point d'argent à dépenser pour leur plaisir; et les petits enfants, qui sont tous simples et bons? Je suis pauvre moi-même, et d'une humble condition : la méchanceté des hommes, tant qu'elle sera toute-puissante comme elle est, ne me permettra pas, je le vois bien, de m'élever comme je l'aurais souhaité, pour être plus à portée de soulager ceux qui souffrent. En attendant, je leur ferai de tout mon cœur la seule aumône dont le bon Dieu ait mis la disposition en mon pouvoir, je les ferai rire. Par la même occasion, je ferai s'épanouir les joues roses de ces jolis enfants qui passent, et ce sera pour moi comme une bénédiction.

— Touchez donc là, dit le bonhomme Patience; dès demain vous débuterez. — Un moment, reprit Polichinelle; j'y mets une condition : c'est qu'un de vos acteurs sera habillé en commissaire, afin que je le puisse bâtonner à mon aise, en souvenir de celui de Chartres. — Parbleu! de tout mon cœur, s'écria le père Patience, et j'allais vous le proposer, si vous ne m'eussiez prévenu.

Le lendemain, mes enfants, eurent lieu les débuts de

Polichinelle : je vous laisse à imaginer de quelle impression dut être frappé le public, quand se produisirent devant lui, pour la première fois, toutes ces choses surprenantes dont l'assemblage se nomma Polichinelle : cette tournure gro-

tesque, ce deux bosses panachées, ce menton inattendu, cette voix si enrouée et si charmante, ce jeu de bâton si plein de dextérité. Mais où l'enthousiasme ne connut plus de bornes, ce fut dans le moment où, le commissaire arrivant comme un furieux, le dialogue suivant s'établit entre Polichinelle et ce magistrat :

LE COMMISSAIRE.

Comment vous appelez-vous ?

POLICHINELLE.

Comme mon père.

LE COMMISSAIRE.

Et comment s'appelle votre père ?

POLICHINELLE.

Comme moi.

LE COMMISSAIRE.

Insolent! me direz-vous votre nom ?

POLICHINELLE, *montrant son bâton.*

Et vous, me direz-vous le nom de ceci ?

LE COMMISSAIRE.

C'est un bâton.

POLICHINELLE, *le frappant.*

Sambrrregoi! un bâton! c'est une flûte !

LE COMMISSAIRE.

Aïe! aïe! Soit! c'est une flûte.

POLICHINELLE, *le frappant*.

Une flûte! malheureux que vous êtes! Ne voyez-vous pas que c'est une trompette?

LE COMMISSAIRE.

Aïe! aïe! à l'aide! miséricorde! Oui! c'est une trompette.

POLICHINELLE, *le frappant*.

Une trompette! impertinent! C'est un clavecin.

LE COMMISSAIRE.

Aïe! aïe! Oui! c'est un clavecin!

POLICHINELLE, *l'accablant de coups*.

Non! sambrrregoi! c'est un bâton! (*Au public.*) Et voilà, messieurs, mesdames, le moyen d'avoir toujours raison.

Bref, Polichinelle se trouva si heureux de l'amitié que lui témoigna le public et de son paisible séjour dans les Champs-Élysées, après tant d'aventures fatigantes, qu'il s'y fixa, et qu'il semble y jouir d'une jeunesse éternelle. Toutefois, chaque soir, après qu'il a terminé ses représentations, il a coutume d'enfourcher la queue du diable, qu'il a conservée précieusement, et de se transporter à Naples en un moment, pour souhaiter la bonne nuit à ses parents.

Ce fut dans une de ces excursions nocturnes qu'il lui prit fantaisie de se rappeler au souvenir du bon peuple de Naples, et de railler encore une fois les grands du pays, dont il avait été si indignement traité. Il se rendit, dans cette intention, à l'un des théâtres les plus fréquentés de Naples, et, s'étant couvert le visage d'un masque, il monta sur la scène durant l'entr'acte. On crut qu'un des acteurs de la troupe avait revêtu ce costume si célèbre pour jouer quelque momerie, et personne n'imagina que ce pût être Polichinelle lui-même. L'émotion n'en fut pas moins profonde dans le public à cette apparition ; mais les transports éclatèrent avec une bien autre violence aux premiers mots que dit Polichinelle, et il fut subitement comme enseveli sous une pluie de fleurs. Le lendemain toute la ville répétait les saillies de l'acteur mystérieux, au grand déplaisir des courtisans et des académiciens, contre qui elles étaient dirigées. Encouragé par ce succès, Polichinelle prit l'habitude de se montrer chaque soir de cette façon au peuple de Naples, et de l'égayer aux dépens de leurs ennemis communs. C'est ainsi qu'il a conservé jusqu'à ce jour, en Italie, une popularité sans pareille. Cependant il resta fidèle à sa patrie d'adoption, et aux aimables loisirs qu'il s'y était faits.

Une seule fois le père Patience ne le vit pas revenir le soir à l'heure accoutumée, et pendant une quinzaine de jours on ne le vit point paraître sur son petit théâtre des Champs-Élysées. Tous les petits enfants de Paris avaient pris le deuil. — Où était-il ? — A Naples, sans doute. — Qu'y faisait-il ? quelle affaire l'y retenait ? — Sur ce point, mes chers enfants, nous en sommes réduits aux conjectures, Polichinelle ayant toujours observé, au sujet de cette sombre période de sa vie, une réserve impénétrable. Seulement, quand il reparut, on remarqua que sa gaieté naturelle était tempérée par moments d'une nuance de mélancolie : une ride, qui semblait creusée par quelque cruauté du sort, altérait la sérénité habituelle de son front ; quelquefois on le vit essuyer à la dérobée une larme qui faisait un triste contraste à sa plaisante pantomime. Tout enfin, dans la personne de Polichinelle, parut témoigner qu'il était passé, notre joyeux ami de l'enfance, à l'âge d'homme par la porte commune, celle du malheur.

A partir de ce jour, Polichinelle voulut qu'un nouveau personnage, habillé en femme, parût à ses côtés sur son petit théâtre, et empochât sa bonne part des coups de bâton distribués si largement au commissaire. Un tel caprice a de quoi surprendre de la part de Polichinelle, qui ne manquait pas de galanterie, et le ressentiment de quelque chagrin d'amour nous paraît seul capable d'expliquer tout ce qu'on voit d'indélicat dans ce procédé.

A ce sujet, un savant napolitain m'a conté, et je pencherais à le croire, qu'en effet Polichinelle avait été retenu pendant quinze jours à Naples, par une passion amoureuse : la jeune Colombine, fille du bonhomme Pantalon,

en était l'objet ; elle s'était montrée insensible comme un rocher aux soupirs aussi bien qu'aux sérénades du pauvre Polichinelle, et, pour l'achever, elle avait laissé voir, en sa présence, une préférence marquée d'abord pour Pierrot, dont elle trouvait la pâleur intéressante, puis pour

Arlequin, dont les vives couleurs annonçaient, disait-elle,

une santé admirable. — Mais aussi pourquoi s'aller rendre amoureux d'une fille aussi capricieuse? — Mes enfants, c'est plus que je n'en sais.

C'est ici que se termine ce qu'il nous est permis de raconter de l'histoire de Polichinelle; comme il la continue lui-même en plein air tous les jours, il faudrait être bien hardi et bien mal avisé pour ne pas le laisser parler tout seul désormais de ce qui le concerne. Allez donc le voir, mes chers petits amis, au premier beau jour; vous êtes sûrs de m'y rencontrer.

FIN.

## TABLE DES CHAPITRES.

Pages.

I. — Comment un parent de l'auteur se trouva en relation avec la famille du seigneur Polichinelle. — Mystérieuse naissance du héros. — Détails incroyables......................... 7

II. — Progrès surprenants du jeune Polichinelle. — Comment il se faufile à la cour. — Aventure de l'âne danseur de corde. — De quelle façon Polichinelle donna congé à un ambassadeur nègre.................................................. 16

III. — Polichinelle page du roi. — Les trois mésaventures du seigneur Bugolin. — Première mésaventure. — Le secret de Polichinelle................................................................. 36

IV. — Seconde mésaventure de M. Bugolin. — Ce qui arriva à la perruque de ce seigneur et à celles des académiciens......... 51

V. — Troisième et dernière mésaventure du seigneur Ernest de Bugolin. — Son rhume de cerveau et les suites singulières qu'il eut................................................................. 57

VI. — Comment Polichinelle détruit une armée de cent mille Anglais sans brûler de poudre. — Polichinelle quitte Naples et l'Italie................................................................. 67

VII. — Horrible danger que court Polichinelle durant la traversée. — Comment il s'en tire. — Son entrevue avec un forban, natif de Turquie................................................................. 75

VIII. — Où l'on voit reparaître le gros chat couleur de suie. — Voyage de Polichinelle. — Ce qui lui arriva dans une forêt de la Beauce................................................................. 83

IX. — Parmi quelles gens se trouve Polichinelle, et comment il en met une partie à la broche dans une réjouissance............ 87

X. — Quelle surprise attendait Polichinelle dans la capitale de la Beauce................................................................. 95

## DES CHAPITRES.

Pages.

XI. — De la rencontre que fit Polichinelle dans une prison. — La queue du Diable. — Moyen d'évasion jusqu'alors inconnu.... 98

XII. — Polichinelle aux Champs-Élysées. — Pourquoi cette histoire, afin d'être véridique jusqu'au bout, ne finit pas............ 104

## MÊME LIBRAIRIE

## NOUVEAU MAGASIN DES ENFANTS

### A 3 FR. LE VOLUME.

**Le Livre des Petits Enfants**. Alphabets, exercices, fables, maximes, illustré par Gérard Séguin, Meissonnier, etc. 2e édit. sous pr. 1 vol.

**Véritables Aventures de Tom Pouce**, vignettes par Bertall, texte par P.-J. Stahll................................. 1 vol.

**Les Fées de la Mer**, vignettes par Lorents, texte par Alphonse Karr....................................................... 1 vol.

**Histoire d'un Casse-Noisette**, vignettes par Bertall, texte par Al. Dumas..................................................... 2 vol.

**La Bouillie de la Reine Berthe**, vignettes par Bertall, texte par Al. Dumas..................................................... 1 vol.

**Trésor des Fèves et Fleur des Pois**, vignettes par Tony Johannot, texte par Ch. Nodier........................................ 1 vol.

**Monsieur le Vent et Madame la Pluie**, vignettes par Gérard-Séguin, texte par P. de Musset........................... 1 vol.

**Histoire de la Mère Michel et de son Chat**, vignettes par Lorents, texte par E. La Bédollière................. 1 vol.

**Histoire du Prince Coqueluche**, vignettes par Delmas, texte par Ourliac................................................... 1 vol.

**Histoire du Prince Chènevis et de sa Jeune Sœur**, vignettes par Bertall, texte par Octave Feuillet................ 1 vol.

**Mythologie de la Jeunesse**, illustrée par Gérard-Séguin, texte par L. Baude...................................................... 1 vol.

**Le Royaume des Roses**, vignettes par Gérard-Séguin, texte par Arsène Houssaye............................................ 1 vol.

**Histoire du véritable Gribouille**, vignettes de Maurice Sand, texte par George Sand..................................... 1 vol.

**Les Contes de Perrault**, édition complète, illustrée par Grandville, Gérard-Séguin et Meissonnier................. 1 vol.

**Paris dans l'Eau**, par Eug. Briffault, vignettes par Bertall. 1 vol.

**Paris à Table**, par Eugène Briffault, vignettes par Bertall. 1 vol.

www.ingramcontent.com/pod-product-compliance
Lightning Source LLC
Chambersburg PA
CBHW071728090426
42738CB00011B/2418